Thomas Lackas

Systemische Heimerziehung

Grundhaltungen und veränderte Kontexte in der Heimerziehung

Diplomica Verlag GmbH

Lackas, Thomas: Systemische Heimerziehung: Grundhaltungen und veränderte Kontexte in der Heimerziehung. Hamburg, Diplomica Verlag GmbH 2013

Buch-ISBN: 978-3-8428-5818-3
PDF-eBook-ISBN: 978-3-8428-0818-8
Druck/Herstellung: Diplomica® Verlag GmbH, Hamburg, 2013

Bibliografische Information der Deutschen Nationalbibliothek:
Die Deutsche Nationalbibliothek verzeichnet diese Publikation in der Deutschen Nationalbibliografie; detaillierte bibliografische Daten sind im Internet über http://dnb.d-nb.de abrufbar.

© Diplomica Verlag GmbH
Hermannstal 119k, 22119 Hamburg
http://www.diplomica-verlag.de, Hamburg 2013
Printed in Germany

Inhaltsverzeichnis

1. Vorwort

Das hier vorliegende Buch mit dem Titel „Exploration, Kontextualisierung und Zirkularität – Integration systemischer Ansätze in die stationäre Erziehungshilfe" hat vorrangig die systemische Perspektive zum Gegenstand. Dieser Schwerpunkt ergibt sich aus meiner eigenen Wertschätzung gegenüber den (erkenntnis-)theoretischen Grundlagen, als auch bezüglich der daraus resultierenden Möglichkeiten für die Praxis sozialer Berufe. Hier soll gezeigt werden, welche neuen Perspektiven der systemische Ansatz und sein Verständnis von (sozialer) Wirklichkeit eröffnen und inwiefern sie im Kontext der Heimerziehung nützlich sein können. Im Bereich der stationären Erziehungshilfe, wie auch bei der Integration der systemischen Ansätze wird bewusst auf die Darstellung einzelner theoretischer oder methodischer Konzepte verzichtet. Jede Einrichtung hat ihre eigenen spezifischen Gegebenheiten und Beziehungsgefüge, daher ist es immer notwendig ein Konzept oder Modell an den jeweiligen Kontext der Einrichtung anzupassen, was eine Generalisierung erschwert. Aus der Darstellung systemischer Denk- und Handlungsweisen ergeben sich Möglichkeiten die Heimerziehung nicht mehr als letzte Station einer langen „Hilfekarriere" zu betrachten. Die stationäre Erziehungshilfe kann nun als Übergangsphase des Einübens neuer Verhaltensstrategien für die Eltern, als auch der Kinder- und Jugendlichen gedeutet werden. So lässt sich diese Arbeit in drei Teile gliedern:
Der erste Teil beginnt mit einer kurzen Betrachtung des Erziehungsbegriffs, bevor die stationäre Erziehungshilfe näher erläutert wird. Es folgt zunächst ein historischer Überblick über die Entwicklung der Heimerziehung. Dieser ermöglicht ein Verständnis für die lang anhaltende und noch immer nicht gänzlich überwundene negative Bewertung von Heimerziehung. Anschließend werden die rechtlichen Grundlagen für Jugendhilfe im Allgemeinen erklärt und um jene der Hilfen zur Erziehung erweitert. Die Ausführungen bezüglich der Heimerziehung beschränken sich auf die rechtlichen und strukturellen Gegebenheiten. Sie fokussieren die Möglichkeit der rechtlich geforderten aktiven Partizipation von Eltern und von Kindern und Jugendli-

chen am Hilfeprozess. Zu diesem Zweck wird auch der Prozess der Hilfeplanung eingehender betrachtet. Abschließend richtet sich der Fokus auf die Ausbildung der pädagogischen Mitarbeiter und die Grundhaltungen, durch welche sie in ihrer praktischen Arbeit geleitet werden.

Der zweite Teil beinhaltet eine Einführung in die systemische Therapie und Beratung. Er beginnt mit einer historischen Einordnung erster systemtheoretischer Konzepte und wird anschließend um eine Vorstellung dreier grundlegender Therapiekonzepte, auf Basis der Systemtheorie, erweitert. Es schließt sich eine Einführung in die systemische Metatheorie an. Hier wird der Systembegriff erläutert sowie erkenntnistheoretische Grundlagen gelegt, die das Arbeiten mit Systemen ermöglichen. Auch das Konzept der Autopoiese sowie ihre Bedeutung für soziale Systeme, wird eingehend vorgestellt. Der Problembegriff wird in dieser Arbeit nicht vermieden, da auch Probleme für den Lösungsprozess bedeutend sein können. Bevor jedoch auch einige kritische Gedanken zum systemischen Ansatz formuliert werden, findet noch ein Exkurs in die therapeutische Praxis statt, welcher einige ausgewählte systemische Methoden beinhaltet.

Im dritten Teil wird die stationäre Erziehungshilfe aus einer systemischen Perspektive betrachtet. Der Fokus richtet sich hierbei zum einen auf die Triade bestehend aus Jugendamt, der Herkunftsfamilie und der Einrichtung, in der das Kind untergebracht ist. Des Weiteren ergibt sich aus systemischer Sicht eine Umdeutung des Rahmens stationärer Erziehungshilfe, welche in einem lösungsorientierten Konzept verdeutlicht wird. Auch hier stehen die Grundhaltungen der pädagogischen Mitarbeiter im Vordergrund, da sie diese Umdeutung erst ermöglichen. Abschließend wird noch eine Möglichkeit, eine systemische Sichtweise in einer Einrichtung der stationären Erziehungshilfe zu etablieren, kurz skizziert.

2. Die stationäre Erziehungshilfe

Im folgenden Kapitel werden sowohl die begrifflichen als auch die rechtlichen Grundlagen in Bezug auf Hilfen zur Erziehung im Allgemeinen und stationärer Erziehungshilfe im Speziellen geschaffen. Hierbei kommt dem Bereich der stationären Erziehungshilfe, als Gegenstand dieses Buches besondere Bedeutung zu. Um die Begriffe Heimerziehung und Hilfen zur Erziehung besser einordnen zu können, erfolgt eine Klärung des Erziehungsbegriffes, seiner Bedeutung sowohl für Familien als auch für die Gesellschaft. Es schließt sich ein historischer Überblick an, der die Entwicklung von Heimerziehung des 16. Jahrhunderts bis zur Einführung des achten Sozialgesetzbuches im Jahre 1990 betrachtet. Dieser stellt gleichzeitig eine Verdeutlichung der Auftragsentwicklung und Änderung der Zielvorgaben für die stationäre Erziehungshilfe dar. Durch die Klärung der Aufgaben und Ziele der Kinder- und Jugendhilfe anhand ihrer gesetzlichen Vorgaben, wird eine Einordnung der stationären Angebote ermöglicht. Daraufhin folgen weitere Ausführungen zur Partizipation von Hilfeempfängern (-berechtigten) und des Prozesses der Hilfeplanung.

Hier steht besonders der Einfluss der gesetzlichen Bestimmung auf die Heimerziehung und die Möglichkeit ihrer Umsetzung im Mittelpunkt. Daher wird im Rahmen dieser Arbeit auf die speziellen Theoriemodelle und Methoden, wie sie in der Heimerziehung Verwendung finden, nicht näher eingegangen. Abschließend wird die Ausbildung der pädagogischen Mitarbeiter fokussiert und ihre Grundhaltung bezogen auf die Arbeit und die Klientel eingehender betrachtet.

2.1. Klärung von Begrifflichkeiten

Einleitend werden zunächst die für den Rahmen dieses Buches relevanten Aspekte des Begriffs Erziehung näher erläutert. Dies dient einem besseren Verständnis von Hilfen zur Erziehung sowie dem Begriff der Heimerziehung. Des Weiteren ist es von Bedeutung den Begriff der Erziehung in Zusammenhang mit dem Ort zu bringen, an dem sich Erziehung primär vollzieht – der Familie. So rücken einige der Faktoren ins Zentrum der Aufmerksamkeit; welche die Inanspruchnahme von Hilfen zur Erziehung begünstigen und welchen Stellenwert die Erziehung im gesamtgesellschaftlichen Kontext einnimmt.

In dieser Arbeit werden die Begriffe „Heimerziehung" und „stationäre Erziehungshilfe" synonym verwendet; gleiches gilt für die der „Erziehungshilfen", „erzieherische Hilfen" und „Hilfen zur Erziehung"

2.1.1. Erziehung, Hilfen zur Erziehung und Heimerziehung

In der Familie wird der Grundstein für die Entwicklung der Generation von Morgen gelegt, da sie den primären Kontext für die Erziehung bildet. Damit schafft die Familie in der Regel einen Sozialraum, indem sie die Förderung gesundheitlicher Ressourcen und gesellschaftlicher Teilhabe ermöglicht (BMFSFJ 2009, 90ff.). Basierend auf dieser Erkenntnis, entwickelt sich ein Verständnis von Erziehung, sowohl innerhalb als auch außerhalb der Familie (Kindergarten, Schule, Heim), welches bewusstes und zielgerichtetes Handeln der Erziehenden voraussetzt.

> *„Erziehung ist [...] zu charakterisieren als absichtsvolles Beeinflussen einer Person, zumeist eines Kindes, durch einen anderen Menschen, die ErzieherIn, in Richtung auf ein von der ErzieherIn festgelegtes Ziel."* (Rotthaus 1998, 58)

Diese Erziehungsziele, lassen sich in drei Kategorien unterteilen: In *individuelle* Ziele, welche sich aus dem Bestreben nach Entfaltung von Selbstverwirklichungspotenzialen ergeben und somit den Erziehenden zu einer eigenverantwortlichen und autonomen Lebensführung befähigen. *Morali-sche* Ziele dienen dem Zusammenleben in der Gemeinschaft, was eine Ausbildung von Wertmaßstäben erfordert. Um dieses Ziel zu erreichen, müssen die jungen Menschen eine Unterscheidung zwischen Gerechtigkeit und Ungerechtigkeit oder von Zulässigkeit und Unzulässigkeit vornehmen können. Zudem besteht ein weiteres Erziehungsziel gemäß einer sozialen Perspektive darin die Fähigkeiten der Kinder und Jugendlichen zu fördern, die es ermöglichen gemeinschaftliche Anliegen kooperativ anzugehen und mögliche Konflikte konstruktiv lösen zu können. Die Fähigkeit Verpflich-tungen anzunehmen welche der Gemeinschaft zugute kommen, sind ebenso eng mit dem Erreichen dieses *sozialen* Zieles verbunden, wie die Wahrneh-mung fremder Bedürfnisse und deren Anerkennung. Aus einer Perspektive die sich an grundlegenden Bedürfnissen der Kinder und Jugendlichen orien-tiert, lässt sich Erziehung auch als Unterstützung des Strebens nach Auto-nomie, nach Erfahrung der eigenen Kompetenz und der Einbindung in soziale Beziehungen charakterisieren (BMFSFJ 2005, 10). Aus einer syste-mischen Perspektive sind es drei Faktoren, die eine erzieherische Interaktion beeinflussen: Zum einen die zu erziehende Person (meistens Kinder oder Jugendliche, aber nicht ausschließlich), der Erzieher mit einem von ihm festgelegten Ziel und als absichtlich handelnde Person sowie den Kontext in dem jene Interaktion stattfindet. So reicht eine rein bedarfs- und zielorien-tierte Definition von Erziehung nicht aus. Um ein Verständnis von Erzie-hung zu erhalten, müssen folglich die Interaktion zwischen Erzieher und zu Erziehendem betrachtet werden wobei insbesondere das Beziehungsgesche-hen berücksichtigt werden muss, welches in den Kontext der jeweiligen Lebensbedingungen zu stellen ist (Rotthaus 1998, 60ff.).

Aus diesem Verständnis von Erziehung zeigt sich auch die Bedeutung von Hilfen zur Erziehung. Einerseits beziehen sich diese zusammengesetzten Begrifflichkeiten auf die erzieherische Interaktion, also auf das konkrete Handeln an sich. Andererseits verweisen sie auf die rechtlich und institutio-nell vorgegebenen Erziehungsziele. Die Umsetzung dieser Ziele wird durch organisierte Hilfe unterstützt. Die Heimerziehung oder stationäre Erziehungshilfe nimmt im Kontext der anderen Hilfen zur Erziehung, welche sich bezüglich ihrer Dauer und Intensität unterscheiden, eine spezielle Stellung ein. Wenn eine dem Entwicklungsstand des Kindes oder Jugendlichen gerechte Erziehung innerhalb der Familie nicht gewährleistet werden kann, ist es der dringendste Auftrag der stationären Erziehungshilfe ein Sozialisationsfeld zu schaffen, welches dem Vorbild der Familie möglichst nahe kommt. Sollen die zuvor beschriebenen Ziele erreicht und die Bedürfnisse der jungen Menschen befriedigt werden, bedarf es einer Beziehung zwischen Erzieher und zu Erziehendem, die gegenseitige Unterschiede anerkennt und sich durch eine partnerschaftliche Gleichberechtigung auszeichnet. So werden Kinder und Jugendliche zu Subjekten ihres Lebens, als auch ihrer Entwicklung und verbleiben nicht weiterhin als Objekte erzieherischer Bemühungen (Rotthaus 1998, 10).

2.1.2. Erziehung und Familie – ein Risiko?

Dass sich die Entwicklungschancen für Kinder und Jugendliche auf Grund ihrer sozialen Herkunft unterscheiden, kann an Hand wissenschaftlicher Untersuchungen belegt werden. So zeigt die 1. World Vision Kinderstudie beispielsweise, dass 13% der Kinder zwischen 8 und 11 Jahren über mangelnde Zuwendung seitens ihrer Eltern klagen. 35% dieser Eltern sind alleinerziehend und 28% erwerbslos (WVD 2007, 3). Des Weiteren zeigt sich auch der Fernsehkonsum von Kindern aus der gesellschaftlichen Unterschicht deutlich erhöht, 41% schauen mehr als zwei Stunden am Tag fern. Kinder gehobener Gesellschaftsschichten beteiligen sich eher an Gruppenaktivitäten, wie dem Vereinssport oder dem Besuch einer Musikschule (WVD 2007, 5ff). Zu einem Ähnlichen Schluss kommt auch der 13. Kinder- und Jugendbericht der deutschen Bundesregierung. Unter dem Stichwort „neue Morbidität" wird hier eine Abnahme der Infektionskrankheiten beschrieben. Dies geht jedoch einher mit einer Zunahme von chronischen

Krankheiten, wie z. B. Adipositas, welche zunehmend schon im Kindes- und Jugendalter auftreten. Das Bundesministerium für Familie, Senioren, Frauen und Jugend (BMFSFJ) führt diesen Umstand nicht nur auf eine problematische Ernäherung und Bewegungsmangel zurück, sondern verweist auch auf soziale Komponenten wie Armut oder unzureichenden Wohn- und Bewegungsraum (BMFSFJ 2009, 78).

Diese mangelnde Verwirklichung der elterlichen Erziehungspflicht resultiert jedoch nicht nur aus reinem Unwillen der Eltern, sondern ist auch die Folge einer *„Erziehungsunsicherheit"* (Rotthaus 1998, 15). Immer mehr Eltern sind sich nicht mehr im Klaren darüber, was die „richtigen" Erziehungsziele darstellen und ob sie entschlossen sind diese auch durchzusetzen. Viele schwanken zwischen der Vorstellung einer unbeschwerten Kindheit und der rechtzeitigen Vorbereitung auf die Anforderungen, die die heutige Leistungsgesellschaft an sie stellen wird. Aus dem Bild der glücklichen Kindheit, ergeben sich für das Kind sehr viele Freiräume und wenig Verantwortung für das eigene Handeln. Da das Kind bisher für Vergnügen keine Gegenleistung erbringen musste, verweigert es die in seinen Augen plötzlichen erzieherischen Forderungen, was oft in einer Resignation der Eltern mündet.

> *„Die Schwierigkeiten scheinen sich daraus zu ergeben, daß viele Eltern in ihren Vorstellungen noch sehr geprägt sind von der überkommenen Kindheitsidee, der sie mit der Gewährung entsprechender kindlicher Freiheitsmöglichkeiten Raum geben.[...] Damit führen sie das Kind nicht in ausreichendem Maße an die heute so viel früher eintretende Zeit heran, in der es persönlich Entscheidungen zu seinem Nutzen eigenständig fällen muss."* (Rotthaus 1998, 39)

An dieser Stelle wird deutlich, welch große Verantwortung den Familien in Deutschland zukommt. Es gibt viele Wege zu einer „erfolgreichen" Erziehung, welche sich an dem Erreichen der oben genannten Erziehungsziele messen lassen müssen. Die Ebnung dieses Weges ist das Recht und die Pflicht der Familie. Daher wäre es fatal die Familie als potenzielles Risiko für die Erziehung und Entwicklung junger Menschen darzustellen, ist sie doch das erste soziale Umfeld in dem der Mensch zu lernen beginnt. Umso wichtiger erscheint es jedoch, dass ein gemeinsames Verständnis für die

Ziele von Erziehung existiert und das vor allen Dingen jeder Erziehende eine Vorstellung davon hat, wie diese Ziele zu erreichen sind. Gerade Eltern die sich bezüglich ihrer Erziehung nicht sicher sind, können auf die Angebote der Jugendhilfe zurückgreifen um Orientierung zu finden oder sich praktisch unterstützen zu lassen. In vielen Fällen handeln jedoch nicht die Eltern selbst, sondern das soziale Umfeld der Familie. Die Nachbarn, die Polizei oder die Schule melden dem Jugendamt Verhaltensauffälligkeiten des Kindes oder Jugendlichen. Auch in diesen Fällen gewährt das Jugendamt Hilfen zur Erziehung.

Handelt die Familie nicht aus eigenem Antrieb und versucht nicht ihre erzieherischen Kompetenzen selbstständig oder mit professioneller Hilfe auszubauen, ist das Jugendamt rechtlich dazu gezwungen, ein Sozialisationsfeld für die Kinder und Jugendlichen zu schaffen, indem eine erfolgreiche Erziehung und somit auch eine Sozialisation ermöglicht werden kann. In diesen Fällen stellt die Familie selbstverständlich ein Risiko bezüglich der Erziehung des Kindes oder Jugendlichen dar und das Jugendamt und die ausführenden Träger der öffentlichen und freien Jugendhilfe kommen ihrem gesamtgesellschaftlichen Auftrag nach die in der Familie „*fehlende erzieherische Kompetenz durch öffentliche Hilfen auszugleichen, zu kompensieren*" (Esser 2010, 20). Familie ist demnach prinzipiell nicht als Risiko für die Erziehung der nachfolgenden Generation zu betrachten, es bleibt jedoch ihre Verantwortung den Prozess der Erziehung zu gestalten und im Fluss zu halten. Dabei stehen ihr diverse staatliche Hilfen der Unterstützung zur Verfügung. Nehmen sie diesen gesellschaftlichen Auftrag den jungen Menschen auf ein Leben innerhalb der Gesellschaft vorzubereiten nicht an, entwickelt sich jedoch ein gewisses Risikopotenzial. Diesem versucht das Jugendamt, dann deutlich kontrollierender mit den Hilfen zur Erziehung, entgegenzuwirken.

2.2. Stationäre Erziehungshilfe im historischen Kontext

Der Begriff Heimerziehung ist auch in der heutigen Zeit noch mit verschiedenen negativen Assoziationen und Vorurteilen verbunden. Da wäre beispielsweise das Vorurteil, dass es Heimkinder im späteren Leben schwerer hätten als andere Kinder oder dass in Heimen eine aggressive Grundstimmung herrschen würde. Des Weiteren würden sie Kälte ausstrahlen und könnten daher keine Geborgenheit vermitteln. Doch woher kommen solche Vorurteile? Die historische Entwicklung der Heimerziehung bietet einen Erklärungsansatz und ermöglicht weiterhin eine Nachvollziehbarkeit aktueller Zielsetzungen und Aufträge. In Folge dessen enthält dieser Abschnitt einen Überblick zur Entstehung erster Waisen- und Rettungshäuser. Weiterhin schließt sich eine kurze Darstellung von Heimerziehung zur Zeit des Nationalsozialismus und in der Nachkriegszeit an. Der Überblick endet mit der Darstellung der Heimkampagne in den 70er Jahren und den daraus resultierenden Reformen für die stationäre Erziehungshilfe.

2.2.1. Heimerziehung zwischen Rettung und Zwang

Die Aufnahme von armen, verwaisten oder ausgesetzten Kindern hat eine lange gesellschaftliche Geschichte. Die ersten Findelhäuser gründeten christliche Mönche in der Zeit des 11. und 12. Jahrhunderts. In diesen Einrichtungen wurde zwar das Überleben der hilfsbedürftigen Kinder gesichert, jedoch konnte von einer wohlwollenden Erziehung noch keine Rede sein. So stand nicht etwa eine Grundbildung, wie das Lesen- und Schreibenlernen im Mittelpunkt, vielmehr wurden intensiv religiöse Tugenden (z. B. Gottesfurcht und Demut) vermittelt. Auf Grund der Tatsache, dass ein Kloster nicht alle Kinder zu versorgen im Stande war, wurden sie in einem Alter von 5 bis 7 Jahren an bäuerliche Familien oder Ammen übergeben. Sie waren nun alt genug, um sich ihren Lebensunterhalt durch Betteln oder land- und hauswirtschaftliche Tätigkeiten zu verdienen (Esser 2010, 49). Im

16. Jahrhundert entwickelten sich auch erste Waisenanstalten in Deutschland. Besondere Bekanntheit erlangten hier die von Herrmann Franke gegründeten Hallischen Anstalten. Diese wurden im Jahre 1698 gegründet und waren stark durch den damals aufkommenden Pietismus geprägt. Jedoch wurde den Waisenkindern nicht nur religiöse Bildung zuteil, sondern auch Tugenden wie Gehorsam und Fleiß nahmen in den Hallischen Anstalten einen hohen Stellenwert ein. So war das Leben dort von Strenge, Disziplin, und hauswirtschaftlichen Tätigkeiten bestimmt. Der ursprüngliche Gedanke, ein in kleine Gruppen unterteiltes Waisenhaus mit wenigen Kindern pro Gruppe zu gründen, konnte leider nicht weiterverfolgt werden. In Folge des Dreißigjährigen Krieges war es nicht möglich pädagogisch auf jedes Kind individuell einzugehen, da *„die Anstalten von Kindern geradezu überflutet"* (Günder 2007, 16) wurden. Die aus dem Krieg resultierende große Anzahl an Waisenkindern führte letztlich zu einer Art Massenunterbringung, die eine Fülle von unhaltbaren Zuständen für die dort lebenden Kinder nach sich zog. Der Alltag wurde nun notgedrungen von Reglementierung, Führung und Überwachung dominiert. Hinzu kamen ebenfalls Zweifel an der Ökonomie solcher Kinderverwahrungsanstalten und mit ihnen auch die Forderung nach einer Schließung. Anstatt in Waisenhäusern sollten die Kinder bei Pflegeeltern untergebracht werden, diese sind *„gehörig auszuwählen"* und *„immer unter eine genaue Aufsicht"* zu stellen. So wurden

> *„die Waisenhäuser abgeschafft, und dagegen die Waisenverteilung eingeführt. Der offenbare Erfolg davon ist eine bedeutende Ersparnis der Ausgaben, und eine sehr verminderte Mortalität unter den Kindern gewesen."*
> (Conversations-Lexikon 1819, 423 zit. nach Günder 2007, 17)

Der Streit darüber, ob nun eine Unterbringung in einem Waisenhaus oder in einer Pflegefamilie besser oder schlechter und was von beiden ökonomisch besser verträglich sei, konnte nicht aufgelöst werden. Trotzdem kann dieser Streit als erste Reformbewegung der Heimerziehung bezeichnet werden und er verdeutlicht weiterhin wie eng die Frage nach den Kosten, damals wie heute, mit der gebotenen Leistung zusammenhängt.

Die Zeit der Aufklärung brachte die pädagogischen Ideen von Rousseau und Pestalozzi auch in die Waisenhäuser. 1798 gründete Pestalozzi ein eigenes Armen-Erziehungshaus, wobei erstmals nicht Strenge, Disziplin und Ordnung im Vordergrund standen, sondern die Nachahmung von regulären familiären Strukturen. Pestalozzis Ideen bildeten die Grundlage für die einige Jahre später folgende Rettungshausbewegung. Angestoßen durch Heinrich Wichern, der 1833 das „Rauhe Haus" in Hamburg gründete, entstanden flächendeckend Rettungshäuser. Wichern betrachtete jedoch nicht nur Waisen als seine Zielgruppe. Von Motiven der Liebe und der Vergebung geleitet wandte er sich gezielt verwahrlosten und vernachlässigten Kindern zu, mit dem Ziel sie durch eine Hinführung zum christlichen Glauben zu retten (Esser 2010, 52). Günder verweist in diesem Zusammenhang auf die Pädagogische Real-Encyclopädie, in der zentrale Aspekte von Wicherns Konzept festgehalten sind. Demnach müssen sich alle Kinder an eine selbstbestimmte Ordnung gewöhnen sowie nützlich beschäftigt werden, um ihrem bisher ungeordneten Leben zu entrinnen. Des Weiteren wird der christliche Glaube vermittelt und schließlich die Bemühung verstärkt, die Liebe im Herzen der Kinder zu wecken.

> *„[...] - das Familienleben, ein gemütliches Beisammenwohnen, welches es allen anderen Einrichtungen vorgezogen hat; denn es ist der naturgemäßiste Boden für das Gedeihen des kindlichen Lebens, und das Förderlichste einer gegenseitigen Erziehung"* (Pädagogische Real-Encyclopädie 1852, 909f. zit. nach Günder 2007, 19)

Mit diesem konsequent an der familiären Praxis orientierten Konzept unterschied sich das „Rauhe Haus" von allen anderen Waisenhäusern, welche immer noch Verwahrungscharakter aufwiesen. So schlossen sich in den folgenden Jahren die Kinderheime bzw. Waisenhäuser entweder der Bewegung der Rettungshäuser an oder hielten weiter an dem Prinzip der Zwangs-Umerziehung fest. Der Erlass des Führsorgeerziehungsgesetztes im Jahr 1900 erwies sich für die weitere Entwicklung der öffentlichen Erziehung als prägend. Dieses Gesetzt ermöglichte erstmals auch die Aufnahme nicht straffälliger oder verwahrloster Kinder in eine Einrichtung der öffentlichen

Erziehung, welche sonst nur der Umerziehung in gläubige und fleißige Untertanen des Kaisers dienten. Zu Beginn des 20. Jahrhunderts war die Praxis der öffentlichen Erziehung zwischen pädagogischen Reformbewegungen und dem weiterhin aufrechterhaltenem Prinzips der disziplinierenden Erziehung gespalten (Esser 2010, 55ff.).

2.2.2. Heimerziehung im Nationalsozialismus und in der Nachkriegszeit

Mit der Gründung des Reichskuratoriums im Jahre 1932 begann das nationalsozialistische Regime massiv in die öffentliche Erziehung, damals hauptsächlich in Händen der freien Wohlfahrtsverbände (z. B. der Caritasverband, die Innere Mission oder der paritätische Wohlfahrtsverband), einzugreifen. So wurde eine Kopplung an die Hitlerjugend (HJ) und den Bund deutscher Mädel (BdM) zur Pflicht, um eine im nationalsozialistischen Sinne wertvolle Erziehung zu garantieren. Des Weiteren sollten die Führsorgeerziehungsanstalten die Kontrolle der erblichen Belastung sicherstellen, um so eine Differenzierung der Kinder und Jugendlichen vorzunehmen. So unterschied der Nationalsozialistische Volkswohlfahrt (NSV) drei Kategorien von Jugendheimstätten: Solche für „erbgesunde" und erziehungsschwierige Kinder und Jugendliche, die der „Erziehungsfürsorge" angehörten und deren Maßnahmen auf ungefähr ein Jahr angelegt waren. Kinder und Jugendliche die als schwer erziehbar oder stark gefährdet eingestuft wurden, kamen in den Einrichtungen der „Fürsorgeerziehung" unter. Hier konnte noch eine Rückkehr in die Gesellschaft durch eine Wiedereingliederung in die HJ bzw. BdM, erzielt werden. Der letzten Kategorie gehörten die sog. „Jugendschutzlager" an. In diesen Einrichtungen wurden Kinder und Jugendliche untergebracht, die als „unerziehbar" oder „schwersterziehbar" klassifiziert wurden, wobei die Zustände stark denen in den Konzentrationslagern ähnelten. Das Sterben nach dem Erhalt der Rasse gipfelte in der Zwangssterilisation, welche in diesen Lagern regelmäßig durchgeführt wurden (Esser 2010, 59). So war die Heimerziehung im dritten Reich nicht nur geprägt von rassistischen Auswahlverfahren, sondern sie dienten auch der Ersatzerziehung von Kindern und Jugendlichen, deren Eltern als politisch „unzuverlässig" galten. Somit wurde die Familie, entgegen der bestehenden Familienideologie, in ihre Funktion der Erziehung junger Menschen geschwächt (Günder 2007, 21).

Die in Zeiten des Nationalsozialismus unterdrückten Reformbewegungen behielten auch in der Nachkriegszeit noch Seltenheitswert. Die Erziehungs- und Gesellschaftsbilder waren zu dieser Zeit nicht mehrheitlich nationalsozialistisch, jedoch erwies sich die Personalkontinuität als Hindernis für weitere Reformen. So war die Heimerziehung in den 50er und 60er Jahren weiterhin von Stigmatisierungen, wie „Verwahrlosung"oder „unehelich" (uneheliche Kinder standen damals unter Amtsvormundschaft des kommunalen Jugendamtes, und gelangten oft durch ihre gesetzlichen Vertreter ins Heim) charakterisiert (AGJ 2010, 16). Die Personalkontinuität bewirkte weiterhin, dass sich auch rein biologische Erklärungen sozialen Fehlverhaltens hartnäckig in der Theorie der Heimerziehung hielten. Richard Günder weist des Weiteren auf die Tatsache hin, dass die Heime durch die Folgen des Krieges, wie schon im 16. Jahrhundert, extrem überfüllt waren. So blieb dem unqualifizierten Personal nicht viel mehr, als das Beharren auf Disziplin, Ruhe, Ordnung und Unterordnung blieb um den Tagesbetrieb aufrecht zu erhalten (Günder 2007, 22).

Die Heimerziehung der 50er und 60er Jahre basierte auf dem Reichsjugendwohlfahrtsgesetzt (RJWG) und wurde 1961 durch das Jugendwohlfahrtsgesetzt (JWG) ersetzt. Im Wesentlichen wurde hier zwischen der kommunalen Erziehungshilfe, der „Freiwilligen Erziehungshilfe" (FEH) und der Fürsorgeerziehung (FE) unterschieden. Während erstere von den Personensorgeberechtigten beantragt oder mit deren Zustimmung durchgeführt werden konnte, lag bei einem Antrag und der Durchführung der FEH, gemäß § 62 JWG, eine „Gefährdung oder Schädigung der leiblichen, geistigen oder seelischen Entwicklung" vor. Eine FE konnte nach § 64 JWG bei „drohender oder bereits eingetretener Verwahrlosung" durch einen Mitarbeiter des Landesjugendamtes beim zuständigen Vormundschaftsgericht beantragt werden. Die „Fürsorgeerziehung" war zwar subsidiär gegenüber den anderen Hilfen, stellte dennoch eine angeordnete Zwangsmaßnahme dar die sich als Einschränkung der individuellen Freiheit verstehen lässt (AGJ 2010, 14). Aufgrund der Tatsache, dass unter den Begriff der „Verwahrlosung" schon kleine Auffälligkeiten wie etwa Schuleschwänzen, sexuelle Freizügigkeit oder ein Abbruch der Lehre fielen, senkte sich die Schwelle zur Anordnung einer FE auf ein Minimum. So wurde die Heimerziehung in den 50er und 60er Jahren auch zur Sozialdisziplinierung eingesetzt, da bereits geringe Abweichungen von der Norm zu einer Veranlassung von Fremdunterbringung führen konnten (AGJ 2010, 16).

2.2.3. Die Heimkampagne und ihre Folgen

Erst in den späten 60er Jahren regt sich Widerstand gegen die bestehende Struktur und erzieherische Praxis der Institution Heim. Bis in die 70er Jahre hinein wurde die Heimerziehungspraxis im Zuge einer Studentenbewegung mit Unterstützung der außerparlamentarischen Opposition (APO) öffentlich skandalisiert.

> „Die vehemente Kritik der jungen Linken wurde im Zuge ungleicher Bildungschancen, ungenügender Ausbildungsmöglichkeiten, mangelnder Informationsfreiheit, Nichtbeachtung von Grundrechten, autoritären Erziehungspraktiken und veralteter sexualpädagogischer Konzepte laut und führte zu einer Skandalisierung der bestehenden Heimerziehung und ihrer Praxis als Anstaltserziehung."
> (BMFSFJ 2002, 38)

Die Verbreitung einer antiautoritären Erziehungspraxis, führte in dieser Zeit zu einer Veränderung der allgemeinen Einstellung zur Erziehung und stellt die sog. „Heimkampagne" in einen gesellschaftlichen sowie politischen Kontext (Günder 2007, 23). Auch wenn die zum Teil radikale Vorgehensweise der APO zu Heimbesetzungen führte, reagierten viele Träger auf den öffentlichen Druck mit der Schließung von Anstalten bzw. deren Umstrukturierung. Bezüglich der notwendigen Reform der Heimerziehung ergaben sich einige zentrale Forderungen: Therapie- und Erziehungspläne müssen individuell abgestimmt werden. Das Personal muss ausreichend qualifiziert, entlohnt und regelmäßig fortgebildet werden. Des Weiteren müssen die schulischen Leistungen der Kinder und Jugendlichen gefördert und die Theorie und Praxis der Heimerziehung in die Wissenschaft integriert werden. Die Veränderung der Gruppenzusammensetzung hin zu gemischtgeschlechtlichen Gruppen und eine drastische Reduzierung der Gruppengröße waren genauso Bestandteil der Forderungen wie die Entwicklung von einer totalitären Institution zu einer demokratischen Form der Heimerziehung. In Folge der öffentlichen Skandalisierung während der „Heimkampagne" wurde die Heimerziehung in vielen Bereichen reformiert (Esser 2010, 70).

In den 80er und 90er Jahren wurden die zuvor geforderten Reformen vielerorts umgesetzt. Es folgte eine verbreitete Dezentralisierung und die Gruppen wurden in die Gemeinden und Stadtteile verlagert. Die alten Einrichtungen wurden entweder aufgegeben oder unter pädagogischen Gesichtspunkten umgestaltet (Trede 2003, 21). Eine Dezentralisierung war aus verschiedenen Gründen nötig. Einerseits ermöglichten kleine, dezentrale Einheiten eine bessere Verselbstständigung der Kinder und Jugendlichen da Alltagstätigkeiten wie Wäschewaschen, Einkaufen oder Putzen, nicht von spezialisierten Einrichtungsmitarbeitern, sondern von den Bewohnern selbst durchgeführt werden. Andererseits kann die Stigmatisierung der Bewohner gemildert werden. So werden die Kinder und Jugendlichen seltener Opfer kollektiver Zuschreibungen durch ihre Umwelt (z. B. Nachbarn, Schulkameraden oder deren Eltern), da negative Annahmen über das Kollektiv einer großen

Institution nicht mehr so leicht auf das Individuum übertragen werden können. Als weitere Verbesserungen der Dezentralisierung können noch die Reduktion einer heimspezifischen Subkultur und der Abbau hierarchischer Strukturen der Anstaltserziehung genannt werden (Wolf 1995, 16ff.). Außerdem ging mit der Dezentralisierung auch eine Regionalisierung einher, welche sich nicht nur als Dienstleistungsangebot für die Stadt oder den Landkreis versteht, sondern auch Bezug auf die bisherige Lebenswelt der Kinder und Jugendlichen nimmt und sich so in dieser verortet (BMFSFJ 2002, 45).

Weitere Veränderungstendenzen fanden im Bereich der Differenzierung von Leistungsangeboten statt, die sich in Folge stärker an den Bedürfnissen der Betroffenen orientierten. Um dies zu ermöglichen waren Prozesse der Entinstitutionalisierung notwendig, welche sich in von Kindern und Pädagogen beeinflussbaren Regeln niederschlug und eine flexible Nutzung der vorhandenen Ressourcen ermöglichte (Wolf 1995, 32).

In Folge dieser Umstrukturierungen werden im achten Jugendbericht der Bundesregierung folgende Strukturmaxime formuliert: Prävention, Alltagsorientierung, Regionalisierung, Integration und Partizipation (BJFFG 1990, 101). Diese Maxime erfordern ebenfalls ein verändertes Verständnis von Fremdunterbringung, da diese einen massiven Eingriff in die Lebensumstände der Kinder- und Jugendlichen darstellt. Somit gilt die Fremdunterbringung als subsidiär gegenüber ambulanten Hilfen sowie der Alltagsstruktur von Pflege- oder Adoptionsfamilien. Des Weiteren nähert sich die institutionelle Fremdunterbringung den lebensweltlichen Erfahrungen der Heranwachsenden an, was durch Dezentralisierung und Regionalisierung erreicht wird. Außerdem entwickeln sich Tages- und Wohngruppen, sowie Hilfen, die der Nachbetreuung dienen. Die Vermittlung zwischen den unterschiedlichen Lebenswelten der Kinder und Jugendlichen gewinnt immer mehr Bedeutung und zeigt sich in Mitbeteiligung und Unterstützung der Eltern (Elternarbeit), aber auch in Kooperationen mit nachbarschaftlichen oder befreundeten Gruppierungen (BJFFG 1990, 148ff.). Wenig später veränderte sich die Jugendhilfe drastisch, da die Forderungen aus der

„Heimkampagne", wie sie zum Teil bereits praktiziert wurden, durch die Einführung des Kinder- und Jugendhilfegesetztes (KJHG) eine rechtliche Grundlage erhielt.

2.3. Struktureller Rahmen und Veränderungen durch das KJHG

Das achte Sozialgesetzbuch (SGB VIII), in der Praxis der Kinder- und Jugendhilfe auch als KJHG bezeichnet, regelt seit 1990 die Angelegenheiten der Jugendhilfe. Es bietet ihr eine Handlungsgrundlage und formuliert ihre Zielsetzungen. Durch die Dezentralisierung und die stärkere Orientierung an der Lebenswelt der Klienten veränderte sich ihr struktureller Rahmen. Erstmals ist nicht mehr die Rede von Fürsorge- oder öffentlicher Erziehung. Die neue Bezeichnung für Leistungen der Kinder- und Jugendhilfe sind nun Hilfen zur Erziehung und betonen die Freiwilligkeit in Annahme und Wahl der Hilfe. Um diese Freiwilligkeit auch in der Praxis verwirklichen zu können, bedarf es einer umfangreichen Beteiligung der Hilfeempfänger (Erwachsene und Kinder) an dem Prozess der Hilfeplanung.

Dieser Abschnitt wird den Einfluss des KJHG auf die Heimerziehung verdeutlichen und die Veränderungen bezüglich ihrer Struktur, der an sie gestellten Aufträge und ihre Ziele erläutern, sowie eine Einordnung der Heimerziehung in das gesamte Leistungsangebot der Kinder- und Jugendhilfe ermöglichen. Des Weiteren werden zentrale Konzepte, wie die Partizipation der Hilfeempfänger und der Prozess der Hilfeplanung vorgestellt.

2.3.1. Rechtliche Grundlagen

Die Grundlage für das Verständnis von Jugendhilfe bildet das, in § 1 SGB VIII festgeschriebene, „Recht auf Erziehung" für Kinder und Jugendliche und geht einher mit der elterlichen Verantwortung diese zu gewährleisten.

> *„(1) Jeder junge Mensch hat ein Recht auf Förderung seiner Entwicklung und auf eine Erziehung zu einer eigenverantwortlichen und gemeinschaftsfähigen Persönlichkeit.*
>
> *(2) Pflege und Erziehung der Kinder sind das natürliche Recht der Eltern und die zuvörderst ihnen obliegende Pflicht. Über ihre Betätigung wacht die staatliche Gemeinschaft."*
> (§1 Abs. 1-2 SGB VIII)

Somit korrespondieren diese Eckpfeiler der Kinder- und Jugendhilfe auch mit dem Grundgesetz (Artikel 6, Abs. 2) und stellen durch die Unterstreichung der Rechte der Eltern, den besonderen Wert der Familie heraus und schützen diese als Erziehungs- und Sozialisationsinstanz. Gleichzeitig wird aber auch die Pflicht der Eltern gegenüber dem jungen Menschen und der Gesellschaft betont, Bedingungen für eine Erziehung zu schaffen, welche dem jungen Menschen Entwicklungsmöglichkeiten geben und ihm gesellschaftliche Teilhabe ermöglichen. Die Umsetzung dieses Rechts bzw. die Annahme der Pflichten durch die Eltern wird seitens der Jugendhilfe überwacht und durch eigene Leistungsangebote ergänzt. Sie zeigt sich verantwortlich für die Entwicklung der Kinder und Jugendlichen Sorge zu tragen und sie vor Benachteiligungen zu schützen. Des Weiteren obliegt der Jugendhilfe die Wahrung des Wohls junger Menschen und sie ist dazu verpflichtet Gefahren von ihnen abzuwenden. Sie bietet Eltern die Möglichkeit sich in Erziehungsfragen beraten und/oder unterstützen zu lassen und verpflichtet sich weiterhin Sorge zu tragen für positive Lebensbedingungen von Familien (§1 Abs. 3 SGB VIII). Daraus ergibt sich einerseits erstmals eine Perspektive, die die Eltern als Empfänger staatlicher Leistungen zeigt, welche allerdings auch das Recht besitzen diese Leistungen in Anspruch zunehmen (§27 Abs. 1 SGB VIII). Andererseits befindet sich die Jugendhil-

fe in einem Spannungsfeld zwischen der Achtung elterlicher Erziehungs-
kompetenz auf der einen und der Wahrung des Kindeswohls auf der anderen
Seite. Dieses sog. „Wächteramt" verpflichtet die Jugendhilfe bei einer
dringenden Kindeswohlgefährdung in das elterliche Recht auf Erziehung
einzugreifen und das Kind in Obhut zu nehmen (§42 SGB VIII). Dies setzt
voraus, dass die Personensorgeberechtigten über die Gefährdung informiert,
aber nicht Willens oder in der Lage sind, die Gefährdung abzuwenden (§8a
SGB VIII).

Prinzipiell besitzen alle Empfänger von Leistungen der Kinder- und Jugendhilfe ein Wunsch- und Wahlrecht, bezüglich der Art und Ausgestaltung
der sie betreffenden Hilfe, solange keine unangemessenen Kosten verur-
sacht werden (§5 SGB VIII). Dieses findet innerhalb des Hilfeplanverfah-
rens Berücksichtigung und ermöglicht so eine Partizipation sowohl der
Personensorgeberechtigten, als auch der Kinder und Jugendlichen. Die
Entscheidung über die Art und Ausgestaltung einer Hilfe wird also in einem
Aushandlungsprozess zwischen unterschiedlichen Fachkräften und unter
Beteiligung der Betroffenen, gefällt (§36 SGB VIII).

Das KJHG formuliert sowohl Ziele, als auch fachliche Standards für eine
dienstleistungs- und lebensweltorientierte Jugendhilfe. Sie müssen als
Ansprüche an die Träger und die von ihnen erbrachten Leistungen verstanden werden. Diese gesetzliche Grundlage stärkt die Stellung der Familie und
die Partizipation der Kinder und Jugendlichen im Prozess der Hilfeplanung.
Über ein Selbstverständnis als Dienstleister, definiert sich Jugendhilfe
erstmals nicht als Eingriff, sondern als Ergänzung bzw. Unterstützung der
familiären Ressourcen zur Erziehung junger Menschen (BMFSFJ 2002, 46).

2.3.2. Hilfen zur Erziehung im KJHG

Der Leistungskatalog der Kinder- und Jugendhilfe wird durch den §27 SGB VIII geregelt. Hier wird bewusst auf negativ besetzte und im pädagogischen Sinne fragwürdigen Begrifflichkeiten, wie „Fürsorgeerziehung" oder „Verwahrlosung" verzichtet. Die Freiwilligkeit der Angebote wird stark betont und der Rechtsanspruch auf Gewährung der Hilfen deutlich gemacht.

> „ Ein Personensorgeberechtigter hat bei der Erziehung eines Kindes oder Jugendlichen Anspruch auf Hilfe (Hilfe zur Erziehung), wenn eine dem Wohl des Kindes oder des Jugendlichen entsprechende Erziehung nicht gewährleistet ist und die Hilfe für seine Entwicklung geeignet und notwendig ist." (§27 Abs. 1 SGB VIII)

Weiterhin ist dort vermerkt, dass die Hilfen zur Erziehung *insbesondere* gemäß der §§28 bis 35 zu gewähren sind. Diese beinhalten sowohl ambulante (§§28 bis 31) und teilstationäre Formen der Erziehungshilfe, als auch stationäre Angebote (§§ 33 und 34). Das Angebot des §35 kann stationär, wie auch ambulant wahrgenommen werden. Im Einzelnen gliedern sich die gesetzlich festgelegten Hilfen zur Erziehung wie folgt:

- §28 Erziehungsberatung
- §29 Soziale Gruppenarbeit
- §30 Erziehungsbeistand, Betreuungshelfer
- §31 Sozialpädagogische Familienhilfe
- §32 Erziehung in einer Tagesgruppe
- §33 Vollzeitpflege
- §34 Heimerziehung, sonstige betreute Wohnformen
- §35 Intensive sozialpädagogische Einzelbetreuung

Zur Einordnung der Heimerziehung in das Leistungsangebot der Kinder- und Jugendhilfe ist das Wort „insbesondere" von zentraler Bedeutung. Dieser Rechtsbegriff bedeutet, dass die aufgeführten Paragrafen nur Möglichkeiten der Hilfe darstellen. Er betont die Gleichrangigkeit der Hilfen untereinander und so können auch nicht aufgeführte Hilfen zur Erziehung gewährt werden, solange sie gemessen am Einzelfall hilfreich und notwendig sind. Diese Gleichrangigkeit ermöglichte den Ausbau und die nachhaltige Förderung ambulanter und teilstationärer Hilfen. Auf Grund des historischen Kontextes und der bis dato vorherrschenden Dominanz stationärer Angebote war dies eine nachvollziehbare Konsequenz.

Des Weiteren sind alle hier vorgestellten Hilfen zur Erziehung durch ihre lebensweltorientierte Ausrichtung miteinander verbunden. Die sozialpädagogischen Leistungen sollen die engeren Lebenszusammenhänge (insbesondere Familie, Freundeskreis und Nachbarschaft) mit einbeziehen und ihr Vorgehen aus der Lebenswelt der Familien heraus entwickeln (§27 Abs. 2 SGB VIII). Nachfolgend werden die oben aufgeführten Hilfen kurz erläutert, um einen Überblick über die Leistungen der Jugendhilfe zu geben. Die §§33 bis 35 werden im anschließenden Kapitel (2.3.3) in den Gesamtleistungskatalog eingeordnet.

Erziehungsberatung: Das ambulante Angebot der Erziehungsberatung richtet sich an Kinder, Jugendliche, Eltern und andere erziehungsberechtigte Personen, um in Fragen der familiären und individuellen Entwicklung Unterstützung zu leisten. Das Zusammenwirken von Fachkräften differenzierter Professionen ergänzt die familiären Ressourcen nicht nur in Erziehungsangelegenheiten, sondern bietet auch Hilfe zur Bewältigung von Trennungs- oder Scheidungssituationen (§28 SGB VIII).

Soziale Gruppenarbeit: Soziale Gruppenarbeit dient der Kompensation von Verhaltens- und/oder Entwicklungsschwierigkeiten von Kindern und Jugendlichen. Auch hier wird eine multimethodische Zugangsweise gefordert, welche sich auf das soziale Lernen in Gruppen bezieht (§29 SGB VIII).

Erziehungsbeistand, Betreuungshelfer: Wird ein Erziehungsbeistand oder Betreuungshelfer bestellt, so ist das Ziel dem jungen Menschen bei seiner Entwicklung zu begleiten und seine Verselbstständigung zu fördern (§30

SGB VIII). Es wird erneut auf die Lebensweltorientierung der Hilfe hinge-wiesen, wobei sie die sozialen Bezüge des jungen Menschen aufrechterhal-ten und ihn nicht von diesen isolieren. Da diese Hilfe auch richterlich ange-ordnet werden kann, kommt dem Verhältnis zwischen Betreuungshelfer und Familie besondere Bedeutung zu (Günder 2007, 43).

Sozialpädagogische Familienhilfe (SPFH): Als Alternative zur Fremdun-terbringung schon Ende der 60er Jahre entwickelt, versteht sich die SPFH heute als längerfristig ausgelegte ambulante Unterstützung von Familien in ihrer Krisen- und Alltagsbewältigung. Die Hilfe ist so auszurichten, dass sie Hilfe zur Selbsthilfe leisten kann (§31 SGB VIII). Momentan bildet die SPFH auch ein gutes Instrumentarium, um die Rückführung von Kindern und Jugendlichen aus der Fremdunterbringung in die Herkunftsfamilie zu erleichtern. Des Weiteren beweist sie einen präventiven Charakter, indem sie sich in die Lebenswelt der Familien einfügt und die dort vorhandenen Strukturen stärkt. Somit können die positiven sozialen Bezüge der Familie erhalten bleiben und eingreifendes Handeln von Seiten des Staates kann vermieden werden (Günder 2007, 44).

Erziehung in einer Tagesgruppe: Durch Erziehung in einer Tagesgruppe wird die Entwicklung der Kinder und Jugendlichen im Kontext gruppenpä-dagogischer Angebote, kombiniert mit schulischer Förderung und Elternar-beit, unterstützt. Dies sichert ihren Lebensmittelpunkt innerhalb der Familie (§32 SGB VIII) und kann so einer Fremdunterbringung vorbeugen. Das teilstationäre Angebot der Tagesgruppe entwickelte sich aus der klassischen Heimerziehung und umfasst die zeitlich Spanne von der Zeit nach Schul-schluss bis in die frühen Abendstunden. Die Abende und Wochenenden verbringen die Kinder und Jugendlichen bei ihren Familien. Einen besonde-ren Schwerpunkt erhält die Erziehung in einer Tagesgruppe in Bezug auf die Elternarbeit, die vielerorts *„im Sinne einer Familientherapie verstanden und praktiziert wird."* (Günder 2007, 83)

Die bisher vorgestellten Hilfen zur Erziehung verdeutlichen das große Potenzial, welches von den örtlichen Trägern der Jugendhilfe zur Verfügung steht. All diese Hilfen haben die Ergänzung familiärer Ressourcen gemein und vermeiden Eingriffe in die Erziehungskompetenzen der Familie. Jedoch sind weiterhin Szenarien vorstellbar, welche einen Wechsel des Lebensmittelpunktes von Kindern und Jugendlichen notwendig macht. So hält das BMFSFJ (2002, 24) fest: 60% aller untersuchten Fälle von Fremdunterbringungen gehen mit unterschiedlichen sozioökonomischen Belastungszuständen einher. Weiterhin wiesen 40% dieser Fälle auf Gewalterfahrungen in der Familie hin und 35% auf einen Alkoholmissbrauch eines oder beider Elternteile. Durch solche und andere Faktoren kann das familiäre Umfeld Bedingungen aufweisen, die einer individuell positiven Entwicklung entgegenstehen und eine Fremdunterbringung unumgänglich machen.

2.3.3. Heimerziehung und andere Wohnformen

Ist es um die Lebensbedingungen von Kindern und Jugendlichen so schlecht bestellt, dass keine entwicklungsgerechte Erziehung gewährleistet werden kann, wird unter genauer Prüfung des Einzelfalls auch eine Fremdunterbringung in Betracht gezogen. Diese werden durch die §§33 – 35 SGB VIII geregelt. Zunächst bietet der Rahmen der Hilfen zur Erziehung die Möglichkeit der Vollzeitpflege an. Hierbei wird dem Alter und dem Entwicklungsstand des Kindes oder des Jugendlichen entsprechend, eine Unterbringung in einer anderen Familie (Pflegefamilie) angestrebt, um verbesserte Erziehungsbedingungen zu erreichen. Diese Hilfe kann zeitlich begrenzt oder dauerhaft sein und ihr Ausbau wird, im Sinne besonders entwicklungsbeeinträchtigter Kinder und Jugendlichen, explizit gefordert (§33 SGB VIII). Die intensive sozialpädagogische Einzelbetreuung stellt eine besonders auf die individuellen Bedürfnisse von Jugendlichen zugeschnittene Hilfe dar und ist meist auf einen längeren Zeitraum angelegt. Sie fördert, meist durch den Einsatz erlebnispädagogischer Konzepte, die Integration und die Verselbstständigung des Jugendlichen (§35 SGB VIII). Der §34 SGB VIII, trägt den Titel „Heimerziehung und sonstige Wohnformen" und unterstreicht damit das mittlerweile vielfältige Angebot, der Hilfen zur Erziehung über Tag und Nacht. Heimerziehung findet heute, im Zuge der Dezentralisierung, nicht mehr in einzelnen großen Institutionen statt. So stellen beispielsweise Außenwohngruppen eine häufige Variante der stationären Erziehungshilfe dar. Hier leben fünf bis acht Kinder und Jugendliche mit den Erziehern zusammen, die entweder im Schichtdienst oder als Paar in der Wohngruppe Wohnen. Durch die Verlagerung der Gruppen in die Gemeinden, müssen sie sich selbst versorgen, wobei Serviceleistungen weiterhin vom Stammheim bezogen werden können (therapeutische Angebote oder Krankheitsvertretung). Somit rückt die Verselbstständigung der Kinder und Jugendlichen in den Mittelpunkt, da nicht mehr alle Aufgaben von spezialisiertem Personal einer zentralen Institution übernommen werden (Günder 2007, 78). Weitere Angebote sind, neben Innenwohngruppen (acht bis zehn Bewohner) im Stammheim, das betreute Wohnen (Betreuung junger Volljähriger in ihrer eigenen Wohnung) oder sog. Erziehungsstellen. Diese können ähnlich wie Pflegefamilien Kinder und Jugendliche aufnehmen, unterscheiden sich jedoch dadurch, dass sie Kinder und Jugendliche (zwei bis drei) aus anderen Wohngruppen aufnehmen, wenn die Belastungen der Gesamtgruppe durch das Verhalten Einzelner zu stark belastet wird. Dieser Umstand erfordert im Gegensatz zur Unterbringung in einer Pflegefamilie professionelles Personal, damit den differenzierten pädagogischen Bedürfnissen der Kinder und Jugendlichen in ausreichendem Maße begegnet werden kann (Günder 2007, 80).

All diesen Formen stationärer Erziehungshilfe sind die gesetzlich geregelten Zielvorgaben gemein. Diese lauten wie folgt:

- Sie soll unter Berücksichtigung des Entwicklungsstandes des Kindes oder des Jugendlichen die Erziehungsbedingungen in der Herkunfts-familie verbessern, sodass eine Rückführung erfolgen kann.

- Ist dies nicht möglich, soll sie auf eine Unterbringung in einer Pflegefamilie vorbereiten.

- Oder ein auf längere Zeit angelegtes Lebensumfeld schaffen, welches entwicklungsgerechte Erziehung ermöglicht und auf eine selbstständige Lebensführung vorbereitet.

- Des Weiteren soll das Kind oder der Jugendliche in Fragen der Ausbildung beraten werden, ebenso wie seine Entwicklung durch pädagogische und therapeutische Angebote gefördert werden soll (§34 SGB VIII).

Mit der Einführung des KJHG änderten sich nicht nur die Zielsetzungen, sondern auch die Zuständigkeit für die Gewährung von Hilfen zur Erziehung. Lag die Entscheidung zu Zeiten des JWG noch, abhängig von fallspezifischen Charakteristika und Gefährdungseinschätzung, beim örtlichen oder überörtlichen Jugendamt, liegt sie heute gemäß §85 SGB VIII bei dem Jugendamt, in dessen Wirkungsbereich sich das Kind oder der Jugendliche gewöhnlich aufhält. Es ist jedoch zu berücksichtigen, dass diese Regelung zwar *„im Sinne einer regionalen Inanspruchnahme, Verantwortung und Sorge zu begrüßen"* (Günder 2007, 46) ist, aber nicht zu einer pädagogisch unreflektierten Vermeidung von Heimerziehung, auf Grund von finanziellen Schwierigen einiger Kommunen, führen darf. Ähnlich verhält es sich mit der Fortsetzung stationärer Hilfsangebote für Jugendliche nach ihrem 18. Lebensjahr (§41 SGB VIII). Dieses Recht könnte zwar von den Eltern oder Jugendlichen eingeklagt werden, es bleibt aber fraglich, ob dieser Weg von ihnen beschritten wird oder ob die Betroffenen dazu in der Lage sind.

Hier ist vor allen Dingen zu beachten, dass bei einer so starken Fixierung des Einzelfalls nicht die lebensweltlichen Ressourcen aus den Augen verloren werden dürfen. Trede formuliert es Folgendermaßen:

> *„Sozialpädagogen – so könnte man sagen – sind stark am Fall und schwach im Feld;[...]"* (Trede 2003, 23)

Weiterhin ist anzumerken, dass die starke Differenzierung der Jugendhilfe zu einer allzu starken Abschottung und Spezialisierung gekommen ist. Dies trifft nicht nur auf den Bereich der Hilfen zur Erziehung (Erziehungsberater, Sozialpädagogische Familienhelfer, Wohngruppenerzieher) zu, sondern auch auf die Jugendarbeit im Allgemeinen (offene Jugendarbeit, Familien-förderung, Erziehung in einer Tagesgruppe und stationäre Erziehungshilfen). Durch die Entwicklung einer solch differenzierten Spezialisierung entstehen sog. „Jugendhilfekarrieren", welche besonders durch die vielen Beziehungs-abbrüche für Kinder und Jugendliche charakterisiert werden (ebd.).

2.3.4. Partizipation und Hilfeplanung

Die Beteiligung von Betroffenen bzw. Hilfeempfängern ist, wie zuvor ausgeführt, ein zentraler Bestandteil des Kinder- und Jugendhilferechts. Diese Partizipation zu gewährleisten soll Aufgabe des sog. Hilfeplanverfah-rens sein. Gemäß §36 SGB VIII, werden die Kinder und Jugendlichen sowie deren Eltern vor der Gewährung erzieherischer Hilfen ausführlichen beraten. Die Entscheidung bezüglich der zu gewährenden Hilfen wird unter Einbe-zug mehrerer Fachkräfte (zuständiger Mitarbeiter des Jugendamtes und andere involvierte Dienste, Lehrer oder die Erzieherin im Kindergarten) getroffen wobei das Wunsch- und Wahlrecht (§5 SGB VIII) der Betroffenen zu berücksichtigen ist. Die Hilfe wird erst nach Rücksprache mit den Eltern und dem Kind oder Jugendlichen gewährt und kann auch an dieser Stelle noch modifiziert werden. In diesem Gespräch wird der Hilfeplan erstellt welcher von allen Beteiligten akzeptiert und für eine Verbesserung der Erziehungsbedingungen als zuträglich befunden wird. Dieses Verfahren ist für Hilfen die auf einen längeren Zeitraum angelegt sind von besonderer Bedeutung. So müssen gerade bei Hilfen, welche außerhalb der Familie durchgeführt werden, regelmäßige Hilfeplangespräche stattfinden und die gesamte Familie muss unterstützend und beratend durch den gesamten Hilfeprozess begleitet werden. Die Hilfeplangespräche dienen der regelmäßigen Überprüfung von Veränderungen der Erziehungsbedingungen in der Herkunftsfamilie sowie der Möglichkeit des Kindes oder Jugendlichen in diese zurückzukehren (§37 SGB VIII). Diese Partizipation der Sorgeberechtigten und auch der Kinder und Jugendlichen stellt im historischen Kontext eine große Veränderung dar. Waren sie früher als Problemfamilien, Bittsteller oder Versager stigmatisiert oder durch die psychosozialen Diagnosen außenstehender Experten bestimmt sollen sie nun an der Erarbeitung von Lösungsmöglichkeiten aktiv teilnehmen. Durch eine aktive Beteiligung am Entscheidungsprozess sind die Hilfeempfänger nicht mehr Objekte einer Maßnahme des Jugendamtes sondern können die von ihnen maßgeblich mitbestimmte Entscheidung nun auch selbst vertreten.

Allerdings findet diese Vorgehensweise in der Praxis der Heimerziehung seltener eine Umsetzung als man es aus den gesetzlichen Forderungen heraus vermuten würde. Gerade in Bezug auf die stationäre Erziehungshilfe gibt es nur wenige empirische Studien die sich mit den Beteiligungsmöglichkeiten speziell der Kinder und Jugendlichen befassen. Günder verweist auf die Ergebnisse von Blandow et al. (1999) und stellt fest, dass die Quoten für Betroffenenbeteiligung im Prozess der Hilfeplanung äußerst gering sind.

„Das „günstigste" Untersuchungsergebnis geht von einer Beteiligung der jungen Menschen in knapp 30% der Fälle aus.
(Günder 2007, 51)

So zeigt sich die tatsächliche Partizipation stark von ihrer Umsetzung durch die Professionellen beeinflusst. Hierzu ist es jedoch unbedingt erforderlich sowohl finanzielle und zeitliche als auch personale Ressourcen zur Verfügung zu stellen damit aus Beteiligung nicht Alibibeteiligung oder gar Nichtbeteiligung entsteht (Wolff/Hartig 2007, 68). Unabhängig von den zeitlichen oder finanziellen Möglichkeiten ist es vor allen Dingen die Grundhaltung der Fachkräfte welche erst die Rahmenbedingungen für erfolgreiche Partizipation schaffen. Hier spielt beispielsweise das Verständnis von Erziehung eine entscheidende Rolle. Demnach darf eine allzu fürsorgerische Grundhaltung die Betroffenen nicht weiter zum Objekt erzieherischen

Handelns machen, sondern muss sie im Hilfeplanverfahren wie im pädagogischen Alltag als Subjekte mit dem Recht auf Berücksichtigung der eigenen Lebensplanung betrachten.

Um diese Forderung in Zukunft besser umzusetzen, wäre z. B. eine Festschreibung von Partizipation in den Leitbildern der Jugendämter und Träger denkbar oder auch die Einführung von Beteiligung als Qualitätsmerkmal. Dies würde nicht nur die Hilfeempfänger selbst stärken sondern auch einen Blick auf die Qualitätsstandard aus Sicht der Betroffenen ermöglichen. Ebenfalls könnte Beteiligung durch die Einsetzung heiminterner Gremien (Heimrat) formal abgesichert werden. In Bezug auf die individuelle Hilfeplanung wurde ein Modellprojekt des BMFSFJ mit dem Titel „Hilfeplanung als Kontraktmanagement" durchgeführt (Wolff/Hartig 2007, 67ff.). Diese neuen Wege dürfen jedoch nicht wegen eventueller Unbekümmertheit oder Bequemlichkeit der pädagogischen Mitarbeiter gemieden werden, da es zunächst leichter erscheint Entscheidungen im Team oder alleine zu treffen ohne sich auf langwierige Partizipationsverfahren mit den Kindern und Jugendlichen einzulassen (Günder 2007, 52). Damit wird die Debatte um die Betroffenenbeteiligung in der stationären Erziehungshilfe eine Auseinandersetzung mit den Grundhaltungen und Werten der Fachkräfte und folglich auch ein Thema für deren Ausbildung sowie die Personalentwicklung innerhalb der Einrichtungen.

2.4. Ausbildung und Grundhaltungen der pädagogischen Mitarbeiter

Unter pädagogischen Grundhaltungen sind Wertvorstellungen zu verstehen welche die Einsichten und Handlungen der Fachkräfte in der stationären Erziehungshilfe legitimieren. Für den professionellen Erziehungsprozess ist eine Zielorientierung genauso unverzichtbar wie die Fähigkeit zur fachlichen und persönlichen Reflexion (Günder 2007, 169). Solche Grundhaltungen lassen sich beispielsweise aus therapeutischen Konzepten ableiten. Viele Einrichtungen wollen jedoch eine therapeutische Etikettierung vermeiden da ihr Stigmatisierungspotenzial gefürchtet wird. Andererseits macht der Bedarf der Kinder und Jugendlichen welche meist auf Grund von schwierigsten Lebensumständen den alternativen Lebensraum der Heimerziehung in Anspruch nehmen einen Einbezug therapeutischer oder auch heilpädagogischer Konzepte unumgänglich. Hier wird allerdings nicht die zuvor kritisierte Spezialisierung der stationären Erziehungshilfe gefordert, sondern vielmehr die Integration nützlicher Erkenntnisse aus therapeutischen oder anderen Settings in das Verständnis von Erziehung im Allgemeinen und auch in die tägliche Erziehungspraxis. Dies würde nicht nur ein gemeinsames Verständnis von Erziehung ermöglichen, sondern auch einer Hierarchisierung der Fachkräfte vorbeugen. Annegret Wigger unterteilt hier drei unterschiedliche Gestaltungslogiken welche eine für die Heimerziehung charakteristische Inszenierung stellvertretender Lebensräume auszeichnen. Die erste Gestaltungslogik bildet das Management einer sozialen Organisation, welches sich in der heutigen Zeit meist an ökonomischen Steuerungsmodellen orientiert. Es folgt die Gruppe von fachlich spezialisierten Fachkräften welche das häufig breit aufgestellte Angebot an therapeutischen Zusatzleistungen durchführen und koordinieren. Die Alltagsgestaltung, also der gesellschaftliche Auftrag der Erziehung und die Durchsetzung der sozialen Kontrolle, obliegt den jeweiligen Gruppenerziehern (Wigger 2007, 130ff.). Sowohl die Handlungen des Managements, als auch die der Therapeuten, können sich direkt auf das Alltagsgeschehen auswirken, ohne dass die für das Alltagshandeln verantwortlichen Fachkräfte selbst darauf Einfluss nehmen können.

„Da die Verteilung der Definitionsmacht in den Einrichtungen häufig bei den Exponenten der ersten beiden Gestaltungslogiken liegen, geht diese Arbeitsteilung mit einer deutlichen Entwertung der beruflichen Arbeit, die sich in den ‚Niederungen' des organisierten Alltags abspielt, einher." (Wigger 2007, 131)

Neben den hier dargestellten pädagogischen Grundhaltungen bedarf es ebenfalls fundierter Kenntnisse im Umgang mit häufig stark vorbelasteten Kindern und Jugendlichen. Diese müssen theoretisch abgesichert sein und eine konkrete methodische Vorgehensweise ermöglichen.

Um einen Eindruck von der Vermittlung sowohl theoretischer als auch methodischer Vorgehensweisen durch die Ausbildung zu erhalten, führte Günder eine Befragung von pädagogischen Mitarbeitern aus unterschiedlichen Einrichtungen der stationären Erziehungshilfe durch. Weiterhin war es von Interesse wie die pädagogischen Mitarbeiter ihren beruflichen Alltag erleben sowie ihre Einschätzung der methodischen Konzeption welche dem pädagogischen Handeln in der jeweiligen Einrichtung zu Grunde liegt. Die Einrichtungen wurden zufällig aus dem Heimverzeichnis des Landesjugendamtes Westfalen-Lippe ausgewählt. Die qualitativen Ergebnisse werden anhand der folgenden Fragestellungen kurz zusammengefasst und beschränken sich aufgrund der Unvergleichbarkeit der Ausbildungen von Sozialarbeitern, Heilpädagogen und Erziehern auf insgesamt 36 ausgewertete Interviews mit Erziehern aus 36 Einrichtungen der stationären Erziehungshilfe (Günder 2007, 162ff.):

Der größte Anteil der Befragten gibt an während der Ausbildung sowohl in Heimen als auch in Kindergärten praktische Erfahrung gesammelt zu haben, ist jedoch auch der Meinung, dass die Praktika, aufgrund des zeitlichen Umfangs, zu sehr auf den Kindergartenbereich zentriert gewesen wären. Ebenso betrachten zwei Drittel der Befragten das Verhältnis von Theorie und Praxis als deutlich unausgewogen und negativ. Auch werden die zu starke Orientierung der Theorie an der Arbeit mit Kleinkindern und eine zu starke Praxisferne zum Handlungsfeld der Heimerziehung als Begründung genannt. So zeigte sich nur ein sehr kleiner Anteil der befragten Erzieher mit ihrer Ausbildung uneingeschränkt zufrieden. Über die Hälfte der befragten Gruppe war mit dem Inhalt ihrer Ausbildung sehr unzufrieden da er sich auf die Praxis der Heimerziehung schlichtweg nicht übertragen ließe.

> *„Eine Aussage lautete: „Ich habe nie auf Ausbildungsinhalte zurückgegriffen. "" (*Günder 2007, 164)

Diese Praxisferne innerhalb der Ausbildung kann daher nur im Laufe der Zeit durch berufliche Praxis kompensiert werden, weshalb Fortbildungen auch einen hohen Stellenwert bei den Mitarbeitern haben. Nahezu die Hälfte gab an durch Fortbildungen das Fehlen theoretischer oder methodischer Zugänge in manchen Bereichen ausgleichen zu können. Fast alle Interviewteilnehmer waren sich darin einig, dass während der Fachschulausbildung die Inhalte der stationären Erziehungshilfe eingehender behandelt bzw. eine frühe Spezialisierung auf bestimmte Handlungsfelder ermöglicht werden sollte (Günder 2007, 166ff.).

Den beruflichen Alltag konnte nur eine Minderheit der Interviewten als positiv bewerten. Die überwiegende Mehrheit empfand den Schichtdienst sowie den Personalmangel als belastend da hierdurch insgesamt zu wenig Zeit zur Verfügung stünde um auf die Bedürfnisse der jungen Menschen einzugehen. In Folge dessen wird auch ein Mangel oder das Ausbleiben von Erfolgserlebnissen beklagt. Einen weiteren großen Unsicherheitsfaktor stellt der Umgang mit sexuellem Missbrauch, aber auch mit Drogen- oder Alkoholproblemen der Kinder und Jugendlichen dar.

> *„Viele würden zu spät und mit massiven Problemen beladen in die stationäre Einrichtung kommen."* (Günder 2007, 165)

Ein pädagogisches Konzept welches das Erziehungshandeln der Professionellen leitet ist unter solchen Bedingungen hilfreich, jedoch konnte nur ein kleiner Teil der Befragten Konzepte nennen auf denen ihre Arbeit basiert. Hier reichte die Spanne von intensiver Elternarbeit, über Echtheit in der

Erziehung bis hin zur Orientierung an familientherapeutischen Handlungsweisen. Eine leicht erhöhte Anzahl der Interviewten hatte zumindest eine
wage Vorstellung von den Konzeptionen ihrer Einrichtungen und gaben an
davon gelesen zu haben oder gerade eines zu erarbeiten. Aber auch hier war
es nahezu die Hälfte der Fachkräfte, welche angaben, dass sie ganz ohne
Konzept arbeiten würden.

> *„Teilweise wurde das Arbeiten ohne Konzept begründet: „Das ver-
> ändert sich doch immer wieder." „Wir arbeiten hier mehr aus dem
> Bauch heraus.""* (Günder 2007, 166)

Diese kleine Umfrage zeigt, dass eine Mehrzahl der befragten pädagogischen Fachkräfte mit ihrer Ausbildung unzufrieden ist. Dies wirkt sich nicht
nur negativ auf das subjektive Erleben des beruflichen Alltags aus, sondern
führt auch zu Überforderungssituationen (Umgang mit den Folgen sexuellen
Missbrauchs), denen sich die Fachkräfte ausgesetzt fühlen. Die Befragung
ergab ebenfalls, dass auch die Persönlichkeitsentwicklung der Auszubilden-
den nicht zufrieden stellend thematisiert wurde. Damit bleibt nicht nur die
Reflexion des eigenen Handelns aus, sondern die Ausbildung einer berufli-
chen Identität und die dafür notwendigen Grundhaltungen werden erschwert.
Diese Mängel können allerdings nicht nur durch die Ausbildungsinstitute
behoben werden. Hier sind ebenfalls die Mitarbeiter in entsprechenden
Leitungspositionen gefragt, welche die Verantwortung zur Erstellung und
Umsetzung von pädagogischen Konzepten tragen (Günder 2007, 168).
Besonders im Kontext des Spannungsfeldes von Fürsorge auf der einen und
Eigenverantwortung auf der anderen Seite (Wolff 2007, 322) lässt sich die
Problematik von Grundhaltungen der professionellen Erziehung verdeutli-
chen. Mechthild Wolff führt hierzu das Beispiel einer fremden- und frauen-
feindlichen Grundhaltung an und somit wird die Frage der Grundhaltung
auch zu einer Frage der Eignung. Die Verantwortung zur Förderung der
Eigenverantwortung und Gewährung des Rechtes auf Partizipation fordert
einem Professionellen im Bereich der stationären Erziehungshilfe eine
individuelle Eignung ab.

„Er muss geeignet sein, um im Interesse der Klientin beziehungswei-se des Klienten handeln und positiv wirksam sein zu können. (Wolff 2007, 327)

Gerade durch die gesetzlich Vorgabe der persönlichen Eignung von Mitar-beitern der Jugendhilfe (§72a SGB VIII) ist ein fachlicher Diskurs über die Frage der Eignung sowohl in der Ausbildung als auch in der Praxis zu fördern. Im Sinne des Rechtes auf Partizipation sind die Kinder und Jugend-lichen an diesem Diskurs zu beteiligen. Ihre Definitionen von Eignung oder auch ihr Verständnis von Beteiligung können zur Weiterentwicklung der pädagogischen Praxis sowie der Erfüllung der rechtlichen Vorgaben hilf-reich sein.

3. Systemische Therapie und Beratung

„Handle stets so, daß weitere Möglichkeiten entstehen." (v. Foerster 1985, zit. n. Herwig-Lempp 1987, 5)

Die Ausführungen in Bezug auf die stationäre Erziehungshilfe zeigen deut-lich in welchem Spannungsfeld das dortige pädagogische Handeln stattfin-det. Dies geht Einerseits aus der historischen Entwicklung hervor und Andererseits sind die hohen gesetzlichen Anforderung sichtbar geworden sowie das Fehlen einer Grundhaltung, welche diesen gerecht werden kann. Die systemische Therapie und Beratung stellt eine Möglichkeit dar, eine gemeinsame Grundhaltung für die in der Heimerziehung beschäftigten Fachkräfte zu entwickeln. Des Weitern können ebenfalls theoretische und methodische Zugänge vermittelt werden. In Folge dessen ist dieser Teil der Arbeit den theoretischen wie auch praktischen Aspekten einer systemischen Perspektive gewidmet. Zunächst erfolgt ein kurzer Überblick über die historische Entwicklung. Im Anschluss werde ich exemplarisch drei system-therapeutische Konzepte genauer vorstellen: die strukturelle Familienthera-pie nach Salvador Minuchin, das sog. Mailänder Modell von Mara Selvini Palazzoli, Gianfranco Cecchin, Luigi Boscolo und Giuliana Prata sowie den lösungsorientierten Ansatz von Steve de Shazer. Anschließend wird in einem theoretischen Teil der Terminus des Systems eingehender erklärt sowie weitere Grundbegriffe aus der Systemtheorie eingeführt. Des Weiteren sollen auch erkenntnistheoretische Grundlagen vermittelt sowie auf die Aufrechterhaltung eines Systems näher eingegangen werden. Am Ende werde ich das ökosoziale Modell der Systemebenen vorstellen und den Begriff eines Problems genauer definieren. Dem Problembegriff wird hier, anders als bei einer strengen Lösungsorientierung, Platz eingeräumt und bietet somit Möglichkeiten den Problemen von Klienten wertschätzend gegenüber zu treten. Es folgt ein weiterer Abschnitt zur praktischen Anwendung der Theorie, indem ich exemplarisch einige Methoden der systemischen Therapie und Beratung vorstelle. Abschließend werden noch einige kritische Gedanken zum systemischen Ansatz formuliert und mögliche Alternativen erörtert. Hier werden die theoretischen und praktischen Grundlagen erörtert die zu einem Verständnis der in dieser Arbeit vorgeschlagenen Perspektive auf die stationäre Erziehungshilfe beitragen.

3.1. Ein Überblick zur historischen Entwicklung

Einleitend ist festzuhalten, dass es nicht die *eine* systemische Therapie gibt. Sie ist ein Oberbegriff, der eine Vielzahl heterogener Modelle unter sich vereint. Anders als z. B. die Psychoanalyse kann die systemische (Familien-) Therapie nicht auf einen einzelnen Begründer zurückblicken, wie Sigmund Freud, auf dessen Erkenntnissen eine ganze Theorie aufbaut. Vielmehr hat die systemische Therapie viele Gründungsväter. In den 40er Jahren beginnt zunächst die Biologie erste systemische Konzepte zu entwickeln. Nach dem Zweiten Weltkrieg entstanden mit der „Steuerungslehre technischer Systeme" erste kybernetische Konzepte (Otto 2010, 3).

Erst in den 50er und 60er Jahren machte das Mental Research Institute (MRI) in Palo Alto auf sich aufmerksam, in dem die dortigen Mitarbeiter mit ihrer „Double-Bind-Theorie" schizophrenes Verhalten in einen von

Kommunikation beeinflussten Kontext stellten und auch erste systemische Familienforschung betrieben. Auch waren hier die Mitbegründer Don Jackson und Virginia Satir tätig, sowie Jay Haley, Gregory Bateson und Paul Watzlawick, um nur einige zu nennen. Aufgrund der Vielzahl an Personen, Orten und Institutionen, die ihren Beitrag zur Entwicklung von systemischer Therapie geleistet haben, werden an dieser Stelle exemplarisch drei der bekanntesten Schulen eingehender vorgestellt (Schlippe/Schweizer 2007, 19ff.).

Einen bedeutenden Entwicklungsschritt in Richtung systemische Therapie, wie wir sie heute kennen, machte Salvador Minuchin mit seinem Konzept der strukturellen Familientherapie. Er arbeitete mit Slumfamilien und maß folglich der Rolle des Therapeuten eine große Bedeutung bei. Dieser zeichnete sich durch eine klare Aufgabenorientierung aus, wobei der Fokus Minuchins und der seiner Mitarbeiter auf der Stärkung und dem Erhalt von (Sub-) Systemgrenzen lag. Ziel war hier das Systemgleichgewicht wieder herzustellen und ein dysfunktionales System wieder in ein funktionales System zu transformieren. Dieses Konzept erfreute sich in den 70er und 80er Jahren großer Beliebtheit.

Auf Grundlage der kybernetischen Erkenntnisse von Gregory Bateson entwickelte, ebenfalls in den 70er Jahren, das Team um Mara Selvini Palazzoli das sog. „Mailänder Modell". Dieser Ansatz hatte entsprechend seinem Vorbild in Palo Alto sehr strategische Züge, was sich vor allem in dem damals verwendeten Vokabular niederschlug. Die Begriffe „Widerstand", „Züge", „Gegenangriffe" oder „Taktiken" und „Tricks", können als Erbe des Kalten Krieges interpretiert werden. Einer Zeit, in der Bateson und Kollegen ihre Modelle entwickelten (Boscolo, Cecchin, Hoffman, Penn 1988, 18). Entsprechend wurde auch versucht die Interaktionsmuster innerhalb der Systeme zu korrigieren, also an einen Sollzustand anzugleichen. Ihre Forschungen rund um das Thema Schizophrenie, brachte u. a. die Technik des zirkulären Fragens hervor. Wie viele der Pioniere der Familientherapie waren die meisten Teammitglieder ehemalige Psychoanalytiker, die sich zu dieser Zeit auf völlig neues Terrain begaben (Levold/Martens-Schmid 1999, 3ff.).

Sowohl Salvador Minuchin, als auch Mara Selvini Palazzoli, Paul Watzlawick oder Virginia Satir können der sog. Kybernetik 1. Ordnung zugeordnet werden, da sie alle noch davon ausgingen, dass auch komplexe Systeme gezielt steuerbar seien. Allerdings sollte es zu Beginn der 80er Jahre einen Paradigmenwechsel geben. Zu dieser Zeit entstand die sog. Kybernetik 2. Ordnung. Einen Meilenstein stellte u. a. das Konzept von Maturana und Varela zur Selbstorganisation lebender Systeme und der daraus folgende Begriff der Autopoiese dar (Otto 2010, 3ff.).

Diese neuen Erkenntnisse machten sich u. a. Steve de Shazer und Kollegen, am Brief Family Therapy Centre in Milwaukee, USA, zu nutze als sie die lösungsorientierte Kurztherapie entwickelten. Sie gingen von der Idee aus, dass Probleme nicht, wie von den meisten Psychoanalytikern angenommen, in Zusammenhang mit der Lösung stehen müssen. De Shazer stellte fest, dass die Lösungen der Fälle, mit denen er es zu tun hatte, sich stärker ähnelten, als die Problemlagen seiner Klienten (v. Schlippe/Schweizer 2007, 35).

3.1.1. Strukturelle Familientherapie

Die Verbreitung der strukturellen Familientherapie nahm wohl 1967 mit der Veröffentlichung von Minuchins Werk „Families of the Slums" ihren Anfang. Zuvor hatte er ungefähr zehn Jahre mit Randgruppenfamilien aus New York gearbeitet und unter Berücksichtigung des Gesamtkontextes, den Schwerpunkt seiner Arbeit auf die Beziehungen zwischen seinen Klienten gelegt.

> *„Der Mensch besitzt ein Gedächtnis; er ist das Produkt seiner Vergangenheit. Zugleich stützt, bestimmt oder modifizieren seine Interaktionen innerhalb seiner gegenwärtigen Umstände seine Erfahrungen."* (Minuchin 1977, 27)

Mit diesem Begriffsrahmen distanziert sich Minuchin deutlich von der, bei Psychotherapeuten damals üblichen, Betrachtung des Menschen reduziert auf seine innerpsychischen Aspekte. Da durch eine solche Betrachtung auch sämtliche Interventionen nur auf das Individuum selbst ausgerichtet sind, verstärkt sich seine Loslösung aus dem Gesamtkontext (Minuchin 1977, 15). Die Bewegung des *Strukturalismus* widmet sich im Wesentlichen der grundlegenden Analyse von strukturellen Elementen eines Systems. Strukturalisten gehen davon aus, dass sich Zeichen, Worte oder Verhalten an Hand seiner Signifikanten und ihrer Tiefenstruktur erkennen lassen. Folglich führt eine genaue Analyse des Problems auch zu einem tieferen Verständnis und zur eigentlichen Ursache der Krankheit. Die zwei folgenden Annahmen treffen also nicht nur auf Minuchins familientherapeutisches Konzept zu, sondern auch auf andere strukturelle Ansätze: Hinter allen Beobachtungen oder Beschreibungen steckt eine Struktur, welche für uns erkennbar ist, d. h. sie sind von ihrem Beobachter unabhängig. Des Weiteren ist das Erkennen von dysfunktionalen Teilen und somit auch der Beseitigung des Symptoms ohne eine eingehende Analyse der Strukturen eines Systems nicht möglich (Schwing/Fryszer 2009, 69).
Die strukturelle Familientherapie, nach Minuchin, beruht auf drei Axiomen. Zum einen geht Minuchin davon aus, dass das Individuum seine Umwelt, in

einer stetigen Abfolge von Interaktionen, beeinflusst. In der Familie, muss sich das Individuum an das bestehende soziale System anpassen und seine Handlungen werden von dessen charakteristischen Merkmalen gelenkt. Dadurch reagiert das Individuum auf Belastungen durch das System an das es sich anpasst und kann umgekehrt auch das ganze System belasten. Das zweite Axiom besagt, dass sich aus einer veränderten familiären Struktur auch verändertes Verhalten und eine Veränderung der innerpsychischen Prozesse, ergibt. Axiom Nummer drei lautet: Patient und Therapeut schließen sich einander an, um den Therapeuten zum Teil des Kontextes werden zu lassen. Dadurch ergibt sich ein neues therapeutisches System, welches vom Therapeuten selbst gesteuert wird (Minuchin 1977, 22). Folglich lautet das Ziel, die Organisation der Familie so zu verändern, dass sich die Erfahrungen ihrer Mitglieder ebenfalls ändern. Minuchin bezeichnet diesen Vorgang als Neustrukturierung.

Die Organisation der Familie leitet sich aus ihrer Struktur ab, welche sich aus den unsichtbaren Forderungen, der Familienmitglieder untereinander, ergibt. Als System operiert die Familie mit transaktionalen Mustern, welche *„die Art, den Zeitpunkt und das Objekt des Kontaktes"* (Minuchin 1977, 67) bestimmen und somit das System stützen und erhalten.

Des Weiteren geht Minuchin davon aus, dass jedes Individuum innerhalb des Systems Familie unterschiedlichen Subsystemen angehört, in denen es differenzierte komplementäre Beziehungen eingeht. Jedes (Sub-) System besitzt Grenzen, welche sich in Form von Regeln manifestieren, diese zeigen wer zu einem System gehört und wie seine Beteiligung definiert ist. Minuchin geht von drei verschieden Formen von Grenzen aus:

Da wären Einerseits die diffusen Grenzen, welche sich durch zu starke Nähe der Familienmitglieder untereinander kennzeichnen. Hier wird die Autonomie des Einzelnen eingeschränkt, die Familie wendet sich vermehrt sich selbst zu und kann sich nicht mehr auf ihre Umwelt einstellen. Dieser Umstand wird auch als Verstrickung oder Fusion bezeichnet.

Andererseits gibt es Familien, in denen die Grenzen so starr und unflexibel sind, dass die Kommunikation unter den einzelnen Subsystemen erschwert und somit die beschützenden Eigenschaften der Familie behindert werden. Eine solche Handhabung der familialen Grenzen wird als Loslösung bezeichnet. Hierbei ist jedoch anzumerken, dass Verstrickung bzw. Loslösung nicht unbedingt die Funktionalität oder Dysfunktionalität eines familialen Systems beeinflusst. Vielmehr beziehen sich diese Begrifflichkeiten auf die Art der bevorzugten Interaktion. In den meisten Familien existieren sowohl verstrickte als auch losgelöste Subsysteme. Die sog. klare Grenze ist der „Normalzustand" einer (Sub-) Systemgrenze. Sie ist flexibel und lässt auch Einflüsse von außen zu.

Der Therapeut nimmt somit die Funktion eines „*Grenzenziehers*" ein, der diffuse Grenzen stabilisiert und starre Grenzen beweglicher macht (Minuchin 1977, 69ff.).

Abb. 1 Symbole für eine Map nach Minuchin (Schwing/Fryszer 2009, 68)

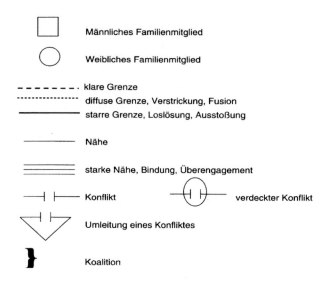

Abb. 2 Beispiele für funktionale Familienstrukturen (Schwing/Fryszer 2009, 70)

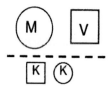 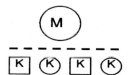

Westliche Kleinfamilie
Differenzierung in Eltern-/Geschwister-Subsystem; die Grenzen sind klar aber durchlässig; das Elternsystem ist partnerschaftlich organisiert

Eineltternfamilie
Auch hier sind die Grenzen klar und die Hierarchie der Subsysteme ist stimmig; der jeweilige Elternteil übernimmt die Führung und gibt Halt und Orientierung

Abb. 3 Beispiele für dysfunktionale Familienstrukturen (Schwing/Fryszer 2009, 71)

 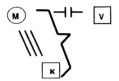

Allianz
Die Beziehung eines Kindes zu einem Elternteil ist besonders eng, ohne das sie sich gegen das andere Elternteil richtet.

Koalition
Beide Elternteile fordern ihr Kind offen zu einem Bündnis gegen den anderen auf, um den Konflikt für sich zu entscheiden; das Kind ist bestrebt mit einem der beiden ein stabiles Bündnis einzugehen

Mithilfe dieser und anderer Symbole (s. Abb.1) wird im Prozess der strukturellen Familientherapie eine sog. Map erstellt, welche die aktuellen Grenzen und Beziehungen der Familie abbildet (s. Abb. 2 und 3). Die Map hat jedoch nur einen hypothetischen Charakter und kann sich stetig ändern, da sie außerdem Rückschlüsse auf die inter- und intrapersonellen Subsysteme, das Gesamtsystem und das System in seinem Kontext zulässt.

Des Weiteren geht Minuchin davon aus, dass der Therapeut weitestgehend allein für die Transformation der Familie zuständig sei.

„Der Therapeut begibt sich in dieses System hinein und setzt dann seine eigene Person zur Transformation ein. Mit der Veränderung der Position der Mitglieder des Systems verändert er zugleich ihre subjektiven Erfahrungen." (Minuchin 1977, 28)

Somit nimmt der Therapeut eine sehr bedeutende Position ein, von der das Gelingen der Neustrukturierung entscheidend abhängt.

3.1.2. Das Mailänder Modell

Im Jahre 1967 schlossen sich in Mailand eine Gruppe von Psychoanalytikern unter der Leitung von Mara Selvini Palazzoli zusammen, um schwer gestörte Kinder, unter Einbeziehung ihre Herkunftsfamilien, zu behandeln. Jedoch erwies es sich als schwierig, die bis dato bekannten psychoanalytischen Konzepte auf ganze Familien anzuwenden. Boscolo und Cecchin beschreiben die Zeit bis 1972 als von Enttäuschungen und Frustration geprägt, bis die Gruppe auf die Arbeiten des Mental Research Institute (MRI) aus den USA aufmerksam wurde. Das Buch „Menschliche Kommunikation" von Paul Watzlawik, Janet Beavin und Don Jackson (1967) erwies sich als bedeutender Einfluss für das Mailänder Team. Die Gruppe um Watzlawick widerlegte den bisher geltenden psychodynamischen Ansatz, der die Pathologie stets nur beim Individuum verortete. Sie machte deutlich, dass diese Sichtweise den Beziehungskontext ignorierte und dass sich das Problemverhalten erst ändern würde, wenn sich auch die Interaktionsmuster innerhalb des Systems änderten.

Angesteckt von den neuen Erkenntnissen aus Palo Alto und der Tatsache, dass sich das neue familiensystemische und das psychoanalytische Modell nicht miteinander vereinbaren ließen, trennten sich Selvini, Gianfranco Cecchin, Luigi Boscolo und Giuliana Prata von der Gruppe, um von nun an nur noch familiensystemisch zu arbeiten (Boscolo, Cecchin, Hoffman, Penn 1988, 14ff.). Diese vier „ehemaligen" Psychoanalytiker und „angehende" systemische Familientherapeuten gründeten ihr eigenes familientherapeutisches Zentrum in Mailand und begannen ihre Arbeit mit schizophrenen Patienten und ihren Angehörigen.

Eine typische Sitzung bestand aus einem Vorgespräch, indem das Team die vorliegenden Informationen bespricht und erste Hypothesen aufstellt. Dann folgt das eigentliche Interview mit der Familie. Zunächst wurden die Interviews von einem gemischt-geschlechtlichen Team, später von einem einzelnen Therapeuten durchgeführt. Der Rest des Teams beobachtete das Interview durch eine verspiegelte Glasscheibe, mit der Option das Interview zu unterbrechen, wenn der Therapeut z. B. zu sehr in das familiale System verstrickt ist. Es folgt nun eine Zwischensitzung, in der das Team in einem separaten Raum das Interview diskutiert und eine Schlussintervention festlegt. Im Anschluss teilt der Therapeut der Familie das Ergebnis mit und erklärt die Schlussintervention. Abschließend tauscht sich das Team nochmals über das Interview und die Reaktionen auf die Schlussintervention aus (Schlippe/Schweitzer 2007, 29).

Innerhalb dieses Rahmens entwickelten die Mailänder die *positive Konnotation*. Ausgehend von der „Technik der Symptomverschreibung" (Watzlawick, Beavin, Jackson 2007, 220) erkannten sie, dass diese Technik nur dann anwendbar sei, wenn das Symptom zuvor in einen positiven Kontext gestellt wurde. Es war jedoch nötig das Verhalten der übrigen Familienmitglieder ebenfalls positiv zu bewerten, da mit einer Entlastung des Symptomträgers, hervorgerufen durch die *positive Symptombewertung*, auch eine negative Bewertung der elterlichen Verhaltensweisen impliziert wurde. Diese Tatsache wurde als „*die Tyrannei der sprachlichen Konditionierung*" (Selvini Palazzoli, Boscolo, Cecchin, Prata 1977, 56) bezeichnet. Durch diese unterschiedliche Konnotation, würde das Familiensystem willkürlich in „gute" und „böse" Elemente geteilt, wodurch der Therapeut keinen Zugang mehr zu der Familie als System erhält (Selvini Palazzoli, Boscolo, Cecchin, Prata 1977, 59). Die Positive Konnotation ist als Grundhaltung des Therapeuten zu verstehen, die es ihm ermöglicht alle Familienmitglieder auf eine Stufe zu stellen und verhindert, dass sich um seine

Person weitere Koalitionen oder Allianzen bilden. Nach Meinung von Selvini und ihren Kollegen

> *„ist es die primäre Funktion der positiven Bewertung aller beobachteten Verhaltensweisen in der Gruppe, dem Therapeuten den Zugang zum System zu erleichtern."* (Selvini Palazzoli, Boscolo, Cecchin, Prata 1977, 59)

Neben der positiven Konnotation als Grundhaltung des Therapeuten hat das Mailänder Team drei weitere Grundregeln entwickelt, die sich auch heute noch für die systemische Therapie und Beratung als äußerst relevant erweisen. Diese Grundregeln nannten sie Hypothetisieren, Zirkularität und Neutralität (Selvini Palazzoli, Boscolo, Cecchin, Prata, 1981, 2) Sie stellten den Versuch dar, das Konzept der kybernetischen Zirkularität, von Gregory Bateson, in die therapeutische Arbeit zu übersetzen.

Demnach bedeutet *hypothetisieren* den Versuch eines Beobachters, in Zusammenarbeit mit der Familie, eine Arbeitshypothese zu konstruieren. Diese beschreibt das Problem in einer Weise, sodass es unter Berücksichtigung des familialen Kontextes einen Sinn ergibt. Eine Hypothese muss alle Elemente eines problematischen Sachverhalts miteinbeziehen, sie muss also systemisch sein und da sie weder als wahr noch als falsch angesehen wird, kann sie je nach Nützlichkeit aufrechterhalten oder wieder verworfen werden. Die Nützlichkeit einer Hypothese richtet sich nach dem Informationsgewinn den sie ermöglicht, um die Familie in Bewegung zu bringen (Boscolo, Cecchin, Hoffman, Penn 1988, 22).

Der Begriff der *Zirkularität* lässt sich auf Gregory Bateson und seine Arbeit in den späten 60er Jahren zurückführen. Er erklärte, dass der Mensch, um Wissen über äußere Ereignisse zu erlangen, Unterschiede feststellt, die zwischen äußeren Objekten herrschen, ebenso wie Veränderungen, die innerhalb dieser Objekte oder in ihrem Verhältnis zum Menschen selbst, entstehen. Folglich vermag es der Mensch Unterschiede und Veränderungen zu erkennen und ein Unterschied kann somit als Verhältnis bezeichnet werden. Selvini und ihre Kollegen leiten daraus folgende Prämissen für ihre Definition von Zirkularität ab: Erstens ist Information gleichzusetzen mit

Unterscheidung und daraus folgt zweitens, dass ein Unterschied ein Verhältnis oder die Veränderung eines Verhältnisses darstellt (Selvini Palazzoli, Boscolo, Cecchin, Prata 1981, 10ff.).

In der therapeutischen Praxis entwickelte sich hieraus die Technik des zirkulären Fragens oder des Fragens nach Unterschieden. Um die Komplexität einer Familie möglichst genau erfassen zu können, baten sie ihre Patienten Aussagen über das Verhältnis zweier anderer Familienmitglieder zu treffen, die ebenfalls anwesend waren. Die Metakommunikation eines Familienmitgliedes über das Verhältnis von anderen Anwesenden, bricht nicht nur familieninterne Regeln, sondern verweist auch auf das erste pragmatische Axiom menschlicher Kommunikation (Selvini Palazzoli, Boscolo, Cecchin, Prata 1981, 11):

> *„Man kann nicht nicht kommunizieren."* (Watzlawick, Beavin, Jackson 2007, 53)

Auf diese Weise werden wesentlich mehr Informationen gewonnen, als würde jede beteiligte Person nur nach ihre subjektiven Einschätzung der bestehenden Verhältnisse befragt.

Das Mailänder Team versteht *Neutralität* als eine weitere therapeutische Grundhaltung. Gemeint ist, dass bei einer hypothetischen Befragung der interviewten Familie über mögliche Koalitionen des Therapeuten mit den Familienmitgliedern, kein Ergebnis festzustellen ist. Es entsteht schnell der Eindruck der Therapeut würde sich durch seine Frage, nach dem Verhältnis zweier anwesender Personen, mit dem Gefragten verbünden. Doch durch die Technik des zirkulären Fragens, erhält er die Möglichkeit jedes Familienmitglied ein Verhältnis zwischen zwei anderen beschreiben zu lassen. Damit wirkt es als sei er mit allen gleichermaßen verbündet (Selvini Palazzoli, Boscolo, Cecchin, Prata, 1981, 17). Hoffman bezeichnet die Position des Therapeuten eher als eine „Multi-Position", denn einer „Nicht-Position". Neutralität kann also nicht mit einer passiven Duldung jeglichen Verhaltens gleichgesetzt werden (Boscolo, Cecchin, Hoffman, Penn 1988, 23). Des Weiteren würde jedes Urteil, egal ob nun missbilligend oder zustimmend, den Therapeuten mit einem Teil der Familie verbünden. Durch eine neutrale Grundhaltung vermeidet er es außerdem zu sehr in die Familiendynamik einbezogen zu werden.

3.1.3. Lösungsorientierte Kurztherapie

Mitte der 70er begann *Steve de Shazer*, zusammen mit seiner Frau Insoo Kim Berg und ihrem Team am Brief Family Therapie Center in Milwaukee, USA, mit der Entwicklung der lösungsorientierten Kurztherapie. Inspiriert wurde de Shazer durch Milton Ericksons Konzept der Hypnotherapie, welches davon ausging, das jede neurotische Symptomatik dazu dient, die einmaligen Bedürfnisse des Patienten zu befriedigen (de Shazer 2005, 22). Hieraus leitet de Shazer folgenden Zugang zur Kurztherapie ab:

> *„Das was der Klient mitbringt, nutzen um seine Bedürfnisse in der Weise zu erfüllen, daß er sein Leben zu seiner Zufriedenheit gestalten kann."* (de Shazer 2005, 23)

Eine weitere wichtige Grundannahme der Kurztherapie, ist die *polyokulare Sichtweise*. Nach Batesons Vorbild, dass jeder Beobachter seine Beobachtungen unterschiedlich kodiert und das sich aus den Unterschieden der Beobachtungen ein sog. „Bonus" ergibt, geht auch de Shazer von einem Vorteil durch unterschiedliche Betrachtungen der, vom Klienten als problematisch geschilderten, Realität aus. Das Problem, welches dem Therapeuten präsentiert wird, scheint für den Klienten unlösbar, da er zuvor schon vermeintlich alles versucht hat, um das Problem zu lösen. Der Therapeut steuert nun seine, auf eine Lösung fokussierte, Sichtweise der Realität bei. De Shazer vergleicht diesen Prozess mit der Tiefenwahrnehmung. Da das rechte Auge die Dinge anders sieht als das linke, führen erst die Unterschiede beider Sichtweisen zu einer Tiefenwahrnehmung, ohne das jedoch dem rechten oder dem linken Auge die „richtige" Sichtweise zugeschrieben werden könnte. Folglich geht es auch in der Therapie nicht um Richtig oder

Falsch, bezüglich der Sichtweise von Therapeut oder Klient, sondern darum, dass die Unterschiede zwischen ihren Konstruktionen der Realität nützlich sind und die Kreativität wecken (de Shazer 2005, 40). Diese Betrachtungsweise gründet sich auf die Erkenntnistheorie des Konstruktivismus (vgl. 3.2.2.), der zu folge alle Begriffe und Theorien nur als Konstruktionen eines Beobachters interpretiert werden. Dieser Beobachter kann die Realität nur durch den Filter seiner eigenen Erfahrungen wahrnehmen und so bleibt ihm eine objektive Sichtweise der Welt verborgen. Konkret macht die *Lösungsorientierung* des Therapeuten, bei der Problemkonstruktion, den Unterschied aus oder mit de Shazers Worten:

> *„Eine brauchbare »therapeutische Problemkonstruktion« muss zumindest eine potentielle Lösung einschließen. "*
> (de Shazer 2005, 96)

Ferner zeichnet sich die Kurztherapie auch durch die *kooperative Haltung* des Therapeuten aus. Eine therapeutische Veränderung ist als ein interaktioneller Prozess definiert, an dem sowohl der Therapeut, als auch der Klient beteiligt sind. Sie kann niemals nur vom Klienten passiv empfangen werden. Die Therapie lässt sich also als kooperative Tätigkeit beschreiben, welche in einer gemeinsamen Konstruktion des Problems besteht, das sich jedoch lösen lässt (de Shazer 2005, 97ff.).

Kooperation lässt sich fördern, indem die therapeutischen Interventionen zu den Reaktionen des Klienten passen. Das bedeutet konkret: hat der Klient eine konkrete „Hausaufgabe" zeitnah erfüllt, sollte in der nächsten Sitzung unbedingt eine neue konkrete Aufgabe gestellt werden. Kooperation bedeutet allerdings auch bei Nichterfüllung der Aufgabe, zunächst keine weiteren konkreten Aufgaben zu stellen (de Shazer 2005, 101). Diese Auffassung von Kooperation schließt den Begriff des Widerstandes aus, weshalb sich de Shazer auch klar von ihm distanziert.

*„Dieser Ansatz geht nicht vom Gedanken des Widerstandes aus, [...]
der Therapeut geht auf die Reaktion, die der Klient angesichts der
ihm gestellten Aufgabe zeigt, sozusagen mit einer Reaktion vom gleichen Typ ein ([...] Wie du mir, so ich dir)."*
(de Shazer 2005, 106)

Interpretiert der Therapeut das Verhalten des Klienten als Widerstand, kann
er seine Kooperationsbereitschaft nicht mehr erkennen und umgekehrt kann
er auf der Suche nach dem Bemühen um Kooperation, keinen Widerstand
erkennen, da die eine Betrachtungsweise die andere verstellt. Allerdings
definiert der Therapeut Kooperation nicht nur anhand der Reaktionen des
Klienten auf bestimmte Aufgaben, sondern er versucht Bedingungen zu
schaffen, die eine Kooperation schon zu Beginn der Behandlung ermöglichen (de Shazer 2005, 107).

Die lösungsorientierte Kurztherapie ist auf die Gegenwart und die Zukunft
ausgerichtet. Dies zeigt sich besonders an der sog. *„Kristallkugel-Technik"*.
Auch hier wird der Einfluss von Erikssons Hypnotherapie deutlich, aus der
de Shazer seine eigene Version der „Kristallkugel-Technik" entwickelte. In
unterschiedlichen, imaginären Kristallkugeln soll sich der Klient zunächst
nacheinander ein Erlebnis und einen Erfolg aus seiner Vergangenheit vorstellen und genau sein eigenes Verhalten und das der anderen, an der Situation beteiligten, Personen beschreiben. Im nächsten Schritt soll der Klient
sich vorstellen, er hätte eine erfolgreiche Lösung für sein Problem gefunden
und ebenfalls sein eigenes und das Verhalten der anderen Beteiligten beschreiben. Zunächst arbeitete de Shazer noch mit einem von ihm induzierten
Trancezustand, den er aber schon bald als nicht entscheidend erkannte und
auf ihn verzichtete. Aus dieser Technik entwickelte sich eine der bekanntesten systemischen Fragestellungen (de Shazer 2005, 116ff.):

*„Wie werden die Dinge für Sie und andere Menschen denn aussehen,
wenn das Problem gelöst ist?"* (de Shazer 2005, 119)

Die Frage nach einer Zukunft, in welcher das Problem nicht mehr besteht,
gehört auch heute noch zum Grundrepertoire der systemischen Fragetechniken. Diese Frage basiert auf der Überzeugung, dass eine ausgedehnte Prob-

lemanalyse keine Hinweise auf eine mögliche Lösung garantiert. Ein Gespräch über Lösungen ist derselbigen näher als ein Gespräch über Probleme.

3.2. Systemische Metatheorie

Die Systemtheorie und mit ihr das Modell sozialer Systeme entwickelte sich schon von Beginn an quer zu den Klassifizierungen der Natur-, Sozial- und Geisteswissenschaften. Anstatt jedoch die Unterschiede der verschiedenen Modelle hervorzuheben, betonte sie den gemeinsamen erkenntnistheoretischen Rahmen (Ritscher 2005, 22).

In dem nun folgenden Abschnitt soll dieser erkenntnistheoretische Rahmen abgesteckt, verschiedene Aspekte von Systemen vorgestellt und einige systemtheoretische Konzepte, eingeführt werden.

3.2.1. Der Systembegriff – Systemdenken ist ökologisches Denken

Der Systembegriff ist in vielen wissenschaftlichen Disziplinen beheimatet. Für die Naturwissenschaften erwies sich zunächst das Verständnis des Biologen *Ludwig von Bertalanffy* von Systemen, als jegliche Form geordneter Gebilde, welche sich aus einer Menge von Elementen zusammensetzen, die zueinander in Wechselbeziehungen stehen, als bedeutsam (Beushausen 2002, 38). Ein weiterer wichtiger Vordenker im Bereich der Systemtheorie war der Mathematiker *Norbert Wiener*, welcher den Begriff der Kybernetik prägte. Auch das Konzept der „dissipativen Strukturen" des Chemikers *Ilya Prigogine* leistete einen wichtigen Beitrag zum Verständnis der Entwicklung von Systemen. Prigogine beobachtete Systeme die, als sich ihre bisherige Ordnung auflöste, innerhalb des folgenden instabilen Zustandes eine neue Ordnung hervorbrachten und somit in einen Zustand von erneuter Stabilität übergingen.

Doch nicht nur in den Naturwissenschaften ist der Begriff des Systems schon länger bekannt. Auch in der Philosophie findet sich der Systembegriff schon bei Platon und Aristoteles. Die Unterscheidung zwischen lebendigen Systemen und Maschinensystemen nimmt Kant in seinem Titel „Kritik der Urteilskraft" vor und Helm Stierlin verweist auf Hegel, indem er formuliert:

„ Das Tun des Einen ist das Tun des Anderen" (Stierlin, 1972)

Schon diese kurzen Verweise machen deutlich wie komplex sich der Zu-sammenhang, im Umgang mit dem Wort System, erweist (Ritscher 2005, 22ff.). So wird heute im Kontext systemtheoretischer Überlegungen ein System definiert als, eine Summe von Elementen, welche sich in ihrer Ganzheit neu bzw. anders verhalten, als sie es bei isolierter Betrachtung täten.

Niklas Luhmann prägte 1984 den Begriff der sozialen Systeme, welche sich gerade für die therapeutische Praxis als besonders interessant erweisen. Demnach drücken soziale Systeme komplexe Sinnzusammenhänge zwi-schen Elementen aus, die es einem Beobachter ermöglichen sie als Einheit zu betrachten und von anderen Systemen zu unterscheiden. Um jedoch ein System von einem anderen oder seiner Umwelt unterschieden zu können, bedarf es einer Grenze. Systemgrenzen werden jedoch nicht willkürlich gesetzt, sondern richten sich nach der jeweiligen Problemstellung, die der Beobachter, mit Hilfe einer systemischen Betrachtungsweise, zu lösen versucht (Beushausen 2002, 37ff.).

Die Moderne Ökologie geht davon aus, dass Systeme und ihre Umwelt in einem gegenseitigen Abhängigkeitsverhältnis stehen, sowie von einem ständigen Austausch, der zwischen ihnen stattfindet. So unterscheidet sie zwischen der „ersten Natur" und dem Menschen als sozialisierter „zweiter Natur". Durch das gegenseitige Abhängigkeitsverhältnis, entwickelt sich eine Balance zwischen System und Umwelt, von deren Aufrechterhaltung das Überleben beider abhängt. Vor diesem Hintergrund lassen sich nicht nur Biotope, sondern auch der Mensch, als biopsychosoziales System und sein gesellschaftliches Umfeld, als Ökosystem definieren. Hier interagieren natürliche, kommunikative und biopsychosoziale Systeme miteinander und sichern durch ihre gegenseitige Anhängigkeit ihre Entwicklung und ihr Überleben. Diese wechselseitigen Abhängigkeitsverhältnisse und Austauschbeziehungen verbinden systemisches Denken mit ökologischem Denken, ebenso wie die Konzepte der Balance und der gemeinsamen Entwicklung (Ritscher 2005, 24ff.). In diesem Sinne formuliert Ritscher:

„Ökologisches Denken ist systemisches Denken." (2005, 25)

3.2.2. Erkenntnistheoretische Grundlagen zur Systemkonstruktion

Ist von sozialen Systemen die Rede, denkt man sofort an Familien, Vereine, Parteien oder andere soziale Gruppen. Außerdem können diese Systeme von anderen, z. B. mechanischen oder biologischen, unterschieden werden. Das führt schnell zu der Versuchung Systeme, welcher Art auch immer, als real existent vorauszusetzen. Das stimmt nicht ganz:

> *„Zunächst die schlechte Nachricht für systemische Berater: Es gibt keine Systeme! Dann die Gute Nachricht: Deshalb kann man sich zahllose Systeme ausdenken – es muss sich nur als sinnvoll herausstellen!"* (Schwing/Fryszer 2009, 22)

Die frühe erkenntnistheoretische Voraussetzung, zur Beobachtung von Systemen, stellt die *Kybernetik* dar. Unter diesem Begriff ist eine Forschungsrichtung zu verstehen, die Gesetzmäßigkeiten in Steuer- oder Regelkreisen beobachtet oder miteinander vergleicht. Die Kybernetik findet jedoch nicht nur in der Technik Anwendung, sondern auch in Bereichen der Biologie und der Soziologie.

Die Familientherapie übernahm in den 70er Jahren die Konzepte der Kybernetik und folgerte daraus, dass Systeme u. a. Grenzen, Subsysteme und Regeln haben und sich unter den Subsystemen Koalitionen bilden. Des Weiteren galten alle Systeme als von außen instruierbar. Diese Ansicht impliziert jedoch auch Begriffe, wie Macht und Kontrolle, was sich in den strukturellen oder strategischen Ansätzen Minuchins und der Palo Alto Gruppe, bemerkbar machte. Die Phase von 1950 bis 1980 wird oftmals als Kybernetik 1. Ordnung bezeichnet und beinhaltet Theorien über beobachtete Systeme (Schlippe/Schweizer 2005, 53).

In den frühen 80er Jahren erfolgte dann die erkenntnistheoretische Wende. Durch die Erkenntnisse die Humberto Maturana und Francisco Varela im Bereich der Biologie sammelten, wurde der Beobachter selbst Teil des beobachteten Systems. Heinz von Foerster bezeichnete dies in einem Interview als die Kybernetik der Kybernetik oder als Kybernetik 2. Ordnung (Pörkens 1998, 5). Diese befasst sich hauptsächlich mit der Theorie über Beobachter (v. Schlippe/Schweizer 2007, 53). Maturana und Varela brachten ihre Theorie des Beobachters mit folgendem Aphorismus auf den Punkt:

>*„Alles Gesagte ist von jemandem gesagt"*
>(Maturana/Varela 1987, 32)

Gemeint ist, dass jede Aussage von einem Beobachter, in Form von Kommunikation, hervorgebracht wird. Die These, menschliches Erkennen nicht als von der Außenwelt, sondern von der inneren Struktur des menschlichen Organismus determiniert anzusehen, führt zu dem Verständnis, menschliches Erkennen auf subjektbezogene Erfahrungen zurückzuführen. Maturana und Varela schlugen daraufhin den Begriff der „Objektivität in Klammern" vor. Ludewig erweitert diesen auf (Realität) und geht davon aus, dass der Mensch keine Möglichkeit hat eine universelle Realität zu erfassen (deshalb Realität in Klammern), da jede Aussage durch individuelle Erfahrungen determiniert ist und er folglich auch nur seinen subjektiven Eindruck der Welt kommunizieren kann (Ludewig 1987, 4ff.).

Diese Sichtweise deckt sich, in Teilen, mit dem philosophischen Begriff des Konstruktivismus. Dieser erkenntnistheoretische Ansatz betrachtet jegliche Begriffe und Theorien als Konstruktionen, die der Mensch, basierend auf seinen Wahrnehmungen und niemals unabhängig von diesen, erschafft. Durch den Begriff des Konstruktivismus wird deutlich, wie abhängig Theorien, auch die Systemtheorie, von dem menschlichen Wahrnehmungs- und Erkenntnisapparates sind. Auch steht es nicht zur Debatte, ob eine Theorie richtig oder falsch ist, sie muss brauchbar und nützlich sein (Schwing/Fryszer 2009, 23ff.). Folglich bezieht sich die eingangs erwähnte Aussage von Schwing und Fryszer, nach der es Systeme nicht gibt und man sich daher beliebig viele ausdenken kann, auf folgende konstruktivistische Kernthese:

„Der Begriff System ist wie jeder andere Begriff nur eine Konstruktion." (Schwing/Fryszer 2009, 22)

Systemische Therapie und Beratung haben eine als Problem bewerte (Realität) zum Gegenstand. Mit Hilfe von Kommunikation unterstützt der Therapeut darin, diese problemdeterminierte (Realität) durch eine als weniger problematisch erlebte (Realität) zu ersetzen (Ludewig 1987, 5).

3.2.3. Realität, Kausalität und die Macht der Sprache

Aus den erkenntnistheoretischen Grundlagen ergeben sich einige zentrale Fragen für die systemische Therapie und Beratung. So drängt sich die Frage danach, was wirklich ist oder ob der Begriff von Kausalität, in mitten aller zirkulären Prozesse, überhaupt noch sinnvoll sein kann, geradezu auf. Auch welchen Betrag unsere Sprache zur Wirklichkeitskonstruktion leistet, ist für die therapeutische Praxis von besonderer Bedeutung.

Wie zuvor schon ausgeführt, wird ein System nicht seinem Beobachter präsentiert, sondern es wird von ihm erkannt. Somit kann ein System auch nicht losgelöst von seinem Beobachter betrachtet werden. Die Tatsache, dass es Systeme nicht wirklich gibt, führt unmittelbar zu der Frage, was unter Wirklichkeit zu verstehen ist. Schlippe und Schweizer (2005, 87) schlagen zu diesem Zweck ein systemisches Verständnis von Wirklichkeit vor. Demnach bezieht sich Wirklichkeit auf die phänomenale Welt, wie sie von einem Beobachter erkannt worden ist. Hier wird erneut auf die Erkenntnistheorie des Konstruktivismus verwiesen, welche die Grundlage für systemisches Denken und Handeln bildet. Sie warnen jedoch davor Konstruktionen, die der Orientierung dienen, mit der Wirklichkeit zu verwechseln und zitieren Heinz von Foerster, der radikal formuliert:

„Die Umwelt, so wie wir sie wahrnehmen, ist unsere Erfindung"
(v. Foerster 1981, 40 zit. n. v. Schlippe/Schweizer, 2005, 88)

Aus einer physikalischen Sichtweise, kann die Welt als Prozess bezeichnet werden. Diese Aussage leitet sich aus der Erkenntnis, dass die Welt aus sich ständig in Bewegung befindlicher Teilchen (Atome) besteht. Dieser Prozess ist jedoch gemeinschaftlicher und nicht individueller Natur. Menschen leben in sozialen Zusammenhängen und daher entsteht Wirklichkeit in sprachlicher Interaktion.

„Das, was wir für wirklich halten, haben wir in einem langen Prozess von Sozialisation und Versprachlichung als wirklich anzusehen gelernt." (Schlippe/Schweizer 2005, 89)

Die so innerhalb von Systemen konstruierten Wirklichkeiten, verweisen folglich auf einen Konsens, wie die Umwelt wahrgenommen wird. Wie die beteiligten Individuen diese „System-Wirklichkeiten" erleben, davon hängt es am Ende ab, ob die Systemmitglieder glücklich sind oder nicht.

Basierend auf der Annahme, dass Wirklichkeit in einem kommunikativen Austausch von Individuen erzeugt wird, kommt der Sprache eine entsprechend große Bedeutung zu. Sie gibt unseren Erfahrungen Bedeutung. Folglich geben die Konversationen innerhalb sozialer Systeme den Erfahrungen ihrer Mitglieder einen Sinn und sorgen so für deren gemeinsames Verständnis von Wirklichkeit (Schlippe/Schweizer 2005, 95).

Mit der Möglichkeit zur menschlichen Wirklichkeitskonstruktion ausgestattet bietet die Sprache noch einen weiteren Vorteil: Sie ist reflexiv. Dieser Umstand bietet die Chance über die Variationen, wie der Mensch Wirklichkeit(en) konstruiert, zu reflektieren. Die Rekursivität der Sprache fordert jedoch auch Verantwortungsbewusstsein. Wenn Wirklichkeit aus der Abgleichung subjektiver Wahrnehmungen, in Form von Sprache, entsteht und Sprache die Möglichkeit zur Reflexion über Sprache, also Wirklichkeit, bietet, ist der Mensch auch aufgefordert diesen Abgleichungsprozess konstant zu überprüfen (Schlippe/Schweizer 2005, 97).

Auch Heinz von Foerster führt seinen Begriff der „zirkulären Kausalität" auf rekursive Prozesse zurück. Er erklärte dies, in einem Interview mit Bernhard Pörkens, an Hand des folgenden Beispiels: Steuert man ein Boot auf ein bestimmtes Ziel hin, z. B. eine Insel, so muss zuvor der Kurs bestimmt werden. Unterwegs sorgt jedoch der Wind dafür, dass das Boot abtreibt und der Kurs muss neu bestimmt werden. Kommt es erneut zu einer Kursabweichung, so wird erneut gegengesteuert, usw. Demnach folgt auf eine Ursache (Korrektur des Kurses) eine Wirkung (Kursabweichung), diese wird wieder zu einer Ursache (erneute Kursabweichung), was wiederum eine Wirkung zur Folge hat (erneute Korrektur des Kurses). Das erreichen eines Zieles ist also kein statischer Weg, da jede Abweichung in Relation zum Ziel, zu korrigieren versucht wird (Pörkens 1998, 2). Dieses eher technische Beispiel, lässt sich jedoch auch auf soziale Systeme übertragen. Geht man davon aus, dass eine Veränderung innerhalb eines Systems, Veränderungen in anderen Systembereichen nach sich zieht, so können auch soziale Systeme als rekursiv beschrieben werden. Daraus ergibt sich auf den ersten Blick eine Untauglichkeit des Kausalitätsbegriffes, in Bezug auf die Betrachtung sozialer Systeme. Erkenntnistheoretisch bedeuten jedoch Begriffe, wie Kausalität, zirkuläre Kausalität oder Zirkularität nur Möglichkeiten zur Reduzierung der Komplexität sozialer Wirklichkeiten. Schlippe und Schweizer (2005, 91) merken hierzu an, dass es keine Frage des richtigen oder falschen Begriffs sei, entscheidend sei der pragmatische Grund zur Verwendung eines solchen Begriffs. Würde beispielsweise der Begriff der Kausalität vollkommen verabschiedet, so müsse man sich, als Therapeut, die Frage stellen, ob man mit Interventionen überhaupt etwas erreichen kann.

Kausalitätsdenken erleichtert den Alltag. Würde man, um einen Handyakku aufzuladen, jedes Mal die technische Entwicklung des Handys, des Ladegerätes, der Steckdose und aller an ihr beteiligten Personen und deren Beziehungen untereinander, bedenken, wäre das doch zur Erreichung des Ziels „geladener Akku", eher hinderlich. Um jedoch die Rolle eines Individuums aus systemischer Perspektive zu betrachten, erweist sich ein kausales Denken als unzureichend. Daher stehen auch nicht die Symptome und deren Ursachen im Mittelpunkt systemischer Therapie und Beratung (Schlippe/Schweizer 2005, 93).

3.2.4. Systemerhaltung – von Homöostase und Autopoiese

Wie aus den obigen Kapiteln hervorgeht, entsteht Wirklichkeit durch gemeinsame Interaktion, innerhalb der zirkulären Prozesse, eines sozialen Systems. Aus systemischer Sicht erweist sich die Rückkopplung (Feedback) als tragende Struktur der Interaktion (Ritscher 2005, 36). Die Bedeutung des aus der Kybernetik stammenden Begriffs der Rückkopplung, für die menschliche Kommunikation, erkannten auch Watzlawick et al. Sie betrachteten die Rückkopplung als eine zirkuläre Verknüpfung von Ereignissen.

> *„Eine Kausalkette, in der Ereignis a Ereignis b bewirkt, b dann c verursacht und c seinerseits d usw., würde die Eigenschaften eines deterministischen, linearen Systems haben. Wenn aber d auf a zurückwirkt, so ist das System zirkulär und funktioniert auf völlig andere Weise:[...]"* (Watzlawik, Beavin, Jackson 2007, 31) [Hervorhebungen durch Verfasser!]

Es kann zwischen negativer und positiver Rückkopplung unterschieden werden. Bei negativer Rückkopplung führen neue Informationen zu einer Sicherung des bisherigen Systemzustands und das Gleichgewicht innerhalb des Systems bleibt intakt. Dieses Systemgleichgewicht wird als *Homöostase* bezeichnet. Auf der anderen Seite sorgt positive Rückkopplung dafür, dass die neuen Informationen Veränderungen im System bewirken, da sie nicht *„homöostatisch absorbiert werden."* (Watzlawick, Beavin, Jackson 2007, 32). In Folge des wachsenden Drucks der neuen Informationen oder Verhaltensweisen und der weiteren Entfernung von seinem Gleichgewichtszustand, geht das System langfristig in einen neuen stabilen Zustand über. Um seinen Erhalt zu sichern sollte ein soziales System sowohl über negative, als auch positive Rückkopplungen verfügen. Das ermöglicht einen stetigen Wechsel von Tradition und Innovation. Der Begriff der Rückkopplung wurde jedoch im Verlauf der weiteren Entwicklungen, zu Gunsten, des Begriffes der Zirkularität, im Sinne Selvini Palazzolis et al. (1981), ersetzt. Dies rückt die theoretische Möglichkeit, von unendlich vielen Rückkopplungsschleifen, in den Vordergrund (Ritscher 2005, 38).

Eine Erweiterung des Konzeptes der Homöostase stellt das autopoietische Modell von Humberto Maturana und Francisco Varela dar. Demnach handelt es sich bei autopoietischen Systemen ausschließlich um lebende Systeme. *Autopoiese* leitet sich aus den griechischen Worten autos (selbst) und poiein (machen) ab und bedeutet Selbsterzeugung oder Selbstherstellung. Autopoietische Systeme zeichnen sich dadurch aus, dass sie alle Komponenten aus denen sie bestehen, selbst herzustellen vermögen. Dies geschieht durch Interaktionen zwischen den unterschiedlichen Komponenten, innerhalb eines zirkulären Prozesses (Maturana/Varela 1987, 50ff.). Sie gingen des Weiteren davon aus, dass lebende, autopoietische Systeme sowohl „offen" als auch „geschlossen" sind. Ihre Erkenntnisse verdeutlichten Maturana und Varela an dem Beispiel einer Zelle. Auf Grund ihrer Membran, als Grenze zum äußeren Milieu, ist die Zelle ein „geschlossenes System", welches sich durch seine Geschlossenheit nur auf sich selbst bezieht. Sie werden daher auch selbstreferenziell bezeichnet. Gleichzeitig befindet sich eine Zelle aber auch in einem wechselseitigen Austauschverhältnis mit ihrer Umwelt (z. B. durch Nahrungsaufnahme). Aus diesem scheinbaren Widerspruch ergibt sich ein zentraler Gedanke der Autopoiese:

„Die Geschlossenheit der autopoietischen Organisation ist Voraussetzung für ihre Offenheit." (Kneer/Nassehi 2000, 50)

Autopoietische Systeme können nicht durch ihre Umwelt determiniert sein, da sie durch ihre geschlossene Organisation, autonome Einheiten bilden (Maturana/Varela 1987, 55ff.). Sie sind jedoch nicht autark. Die Austausch-beziehungen zwischen dem System und seiner Umwelt, werden durch den gegenwärtigen Systemzustand determiniert. Weiterhin wichtig für das Verständnis von Systemen waren Beobachtungen Maturanas und Varelas, bezüglich des menschlichen Nervensystems. Sie erkannten, dass das Nervensystem zwar ein in sich operational geschlossenes, selbstreferenzielles System bildet, das aber keinen direkten Zugang zu seiner Umwelt besitzt. Auf Grund dieses Umstandes, gingen sie davon aus, dass alle Wahrnehmungsprozesse kein Bild der Wirklichkeit darstellen, sondern es sich bei ihnen lediglich um systeminterne Konstruktionen handelt Maturana/Varela 1987, 179ff.).

Maturana und Varela betonen jedoch, dass der Begriff der Autopoiese keinen Transfer in einen sozialen Kontext zulässt. Soziale Systeme wollen sie als Systeme, bestehend aus mehreren autopoietischen biologischen Systemen, verstanden wissen, welche aber nicht selbst autopoietisch handeln (Maturana/Varela 1987, 216).

3.2.5. Soziale Systeme und Kommunikation

Die von Maturana und Varela abgelehnte Übertragung des autopoietischen Konzeptes auf soziale Systeme blieb jedoch nicht unversucht. Der Soziologe Niklas Luhmann machte es sich zur Aufgabe den Begriff der Autopoiese zu generalisieren und auf andere Systemarten zu übertragen. Seine Theorie grenzt sich, ähnlich der Kybernetik 2. Ordnung, von den bisherigen eher technischen Konzeptionen ab. Durch diese Übertragung werden soziale Systeme als geschlossene Operationseinheiten betrachtet, die ihren Erhalt bzw. ihre Erzeugung durch rekursive Produktion ihre Elemente, sicherstellt (Luhmann 1998, 65).

Luhmann plädiert für eine Unterscheidung zwischen drei Klassen autopoietischer Systeme: *Leben*, im sinne physiologischer, chemischer oder neuronaler Systeme, *Bewusstsein*, als psychisches System und *Kommunikation*, als soziales System. Diese drei Systeme operieren voneinander unabhängig, sind also in sich geschlossen und selbstreferenziell. Aus dieser Differenzierung ergeben sich zwei zentrale Thesen:

> *„Die Kommunikation kommuniziert und denkt nicht. Und: Das Bewusstsein denkt und kommuniziert nicht.“*
> (Kneer/Nassehi 2000, 73)

Gemeint ist, dass sowohl das Bewusstsein, als auch die Kommunikation als autopoietische Systeme ihre Elemente rekursiv produzieren. Die Kommunikation produziert Kommunikation und das Bewusstsein produziert Gedanken. Das schließt jedoch nicht die Notwendigkeit von Austauschbeziehungen zwischen dem System und seinen Umwelten aus. So bildet Leben die Umwelt für Bewusstsein, denn ohne die chemischen und neuronalen Prozesse des Körpers wäre Bewusstsein nicht möglich (Kneer/Nassehi 2000, 61 ff.). Ebenso verhält es sich auch zwischen Bewusstsein und Kommunikation. Kommunikation ist nur im Umfeld mindestens zweier psychischer Systeme möglich. Allein diese können das System Kommunikation anregen, irritieren oder stören (Luhmann 1998, 103). Dadurch wird auch Leben als Umwelt für Kommunikation konstitutiv, da es erst Bewusstsein ermöglicht. Diese unterschiedlichen Systeme können sich nicht gegenseitig instruieren, da sich sowohl Leben, wie Bewusstsein, als auch Kommunikation, selbst erschaffen.

Dieses wechselseitige Abhängigkeitsverhältnis zwischen einem System und seiner Umwelt bezeichnet Luhmann als strukturelle Kopplung. Eine besondere Form der strukturellen Kopplung lässt sich zwischen Bewusstsein und Kommunikation erkennen (Luhmann 1998, 103 ff.). Der beide Systeme verbindende Begriff ist der des *Sinns*. Durch die fortlaufende Produktion und Verwendung von Sinn unterscheiden sich Kommunikation und Bewusstsein von allen anderen lebenden und nicht-lebenden Systemen. In diesem Zusammenhang ist Sinn jedoch nicht als Bezeichnung eines bestimmten Zweckes oder Zieles zu verstehen. Luhmann deutet den Sinnbegriff als eine Differenzierung von Aktualität und Möglichkeit (Luhmann 1998, 50).

> *„Das Bewusstsein kann denken, was es will; dadurch, daß das Bewusstsein sinnhaft operiert, wird sichergestellt, daß jeder Gedanke auf bestimmte Anschlußgedanken verweist - und die Sinnförmigkeit des kommunikativen Geschehens sichert, daß es weitergeht, indem jede Einzelkommunikation bestimmte Nachfolgekommunikation bereithält.“* (Kneer/Nassehi 2000, 79)

Sinn ermöglicht aus dieser Perspektive die Selektion, aus einem Spektrum von Möglichkeiten. Da aber jede dieser Möglichkeiten auf weitere verweist, ist eine Selektion oder Aktualisierung nicht nur möglich, sondern auch zwingend erforderlich (Luhmann 1998, 55). Die nicht genutzten oder aktualisierten Möglichkeiten, gehen jedoch nicht verloren, sondern stehen dem System für spätere Operationen zur Verfügung. Folglich reduziert Sinn die Komplexität der vorhandenen Möglichkeiten und trägt gleichzeitig zu deren Erhalt bei.

Die autopoietischen Fähigkeiten von biologischen, sozialen und psychischen Systemen wirken sich in besonderer Art und Weise auf die systemische Therapie und Beratung aus:

- Da das Bewusstsein nicht kommunizieren kann können es Gefühle entsprechend auch nicht. Daher stehen auch nicht die Gefühle an sich im Mittelpunkt, sondern die Kommunikation über eben diese.
- „Gedankenlesen“ ist nicht möglich. Das psychische System ist jedoch von seiner Umwelt (Kommunikation) abhängig. Kommunikation ist in der Lage das psychische System anzuregen oder zu stören und somit Veränderung zu ermöglichen.
- Das psychische und das soziale System operieren getrennt voneinander. Also sind auch kommunikative Muster nicht an Gefühle oder

Gedanken gebunden und die Entwicklung des Kommunikationssystems und dessen Organisation werden beobachtbar.

- Die Trennung von Leben, Bewusstsein und Kommunikation verweist auf die Grenzen von systemischer Therapie und Beratung, bezüglich somatischer Krankheiten. Als kommunikativer Ansatz, kann sie nicht direkt auf biologische Systeme einwirken. Durch ihre strukturelle Kopplung an das Bewusstsein eröffnen sich ihre Möglichkeiten im Bereich der psychiatrischen Krankheiten (Schlippe/Schweizer 2005, 73ff.).

3.2.6. Das ökosoziale Modell der Systemebenen

Um sich einen Überblick über die unterschiedlichen sozialen Systeme innerhalb ihres Gesamtkontextes zu verschaffen, erweist sich das ökosoziale Modell der Systemebenen als hilfreich. Dieses Modell wurde von dem amerikanischen Entwicklungspsychologen Uri Bronfenbrenner entwickelt. Er betrachtete das Kind in seiner Funktion als Rollenträger und differenzierte vier Systemebenen von unterschiedlicher Komplexität mit denen das Kind jeweils in Beziehung steht. Bei diesen handelt es sich um das Mikrosystem, das Mesosystem, das Exosystem und das Makrosystem.
Ritscher erweiterte dieses Modell noch um das sog. Subjektsystem. Dieses handelt nicht nur innerhalb der von Bronfenbrenner bestimmten Systeme, sondern auch der Beobachter findet mit dem Begriff des Subjektsystems Einzug in dieses Modell (Ritscher 2005, 77).

Das Subjekt als psychosomatisches soziales System: Um den Menschen als solches zu verstehen, bedient sich Ritscher zunächst des Konzeptes der kognitiv-affektiven Schemata. Er verweist auf die Prozesse der Assimilation, Akkommodation und Äquilibration, wie Piaget sie entdeckte. Demnach meint Assimilation die Anpassung von Umweltinformationen in die kognitiv-affektiven Schemata des Subjekts, wogegen sich Akkommodation auf die Veränderung bzw. Neubildung der kognitiv-affektiven Schemata in folge von nicht assimilierbaren Umwelteinflüssen, bezieht. Durch beide Vorgänge wird das System aus dem Gleichgewicht gebracht und es folgen Prozesse der Umstrukturierung bisheriger Schemata, um einen neuen Gleichgewichtszustand höherer Ebene zu erreichen. Diesen Prozess bezeichnete Piaget als Äquilibration (Ritscher 2005, 79).

Das Subjekt interagiert durch beobachtbares Handeln mit seiner äußeren Umwelt und wird somit selbst zu einem Sender von Botschaften an andere Menschen. Ritscher geht hier von zwei Aktivitätsschleifen aus, die das Subjekt zirkulär mit seiner Umwelt verbinden: Die Auswahlverfahren bezüglich der, innerpsychisch und umweltlich, angebotenen Botschaften und die Handlungen, welche aus den beschriebenen Prozessen der Integration neuer Botschaften in eigene kognitiv-affektive Schemata resultieren. Aus der Summe aller Schemata ergibt sich ein Identitätsbegriff, der durch Selbstzuschreibungen inhaltlich gefüllt und durch Fremdzuschreibungen bestätigt oder angezweifelt wird. Als Systemgrenze schlägt Ritscher die Haut, als *„psychosomatische Grenze zwischen intra- und extrapsychischer Realität“* (Ritscher 2005, 85), vor. Durch diese Überlegungen skizziert er ein systemisches Bild des Menschen, welchen Bronfenbrenner in seinem Modell zum Ausgangspunkt macht.

Das Mikrosystem: Als Mikrosysteme werden Systeme bezeichnet, in deren Kontext Sozialisation stattfindet. Als Beispiele können die Familie, der Arbeitsplatz, ein Sportverein oder eine Peergroup genannt werden. Hier agiert das Kind als Rollenträger, lernt und entwickelt sich gemeinsam mit dem System (Ritscher 2005, 85).

> *„So lässt sich auch die wachsende psychische Differenzierung der Kinder **und** der Eltern im Kontext des Mikrosystems Familie als ein Wechselspiel von „Koevolution und Koindividuation“ betrachten:“* (ebd.)

Im Kontext dieser Arbeit sind Institutionen mit gesellschaftlichem Auftrag zur Sozialisation ebenfalls als Beispiel zu nennen. In dieser Funktion sorgen

u. a. Schulen, Kindertagesstätten, Heime oder Jugendzentren für den Bestand und Fortentwicklung unserer Gesellschaft.

Das Mesosystem: Ein Mesosystem konstituiert sich aus mehreren Mikrosystemen. Das Kind wird als das Bindeglied zwischen den Kontexten der unterschiedlichen Mikrosysteme erfasst und ermöglicht eine wechselseitige Kommunikation. Mögliche Mesosysteme sind: Familie + Schule; Familie + Sportverein oder Familie + Tagesgruppe + Peergroup. Alle Mikrosysteme sind innerhalb eines Mesosystems durch ein zirkuläres Beziehungsgeflecht miteinander verbunden und jede Systemaktivität wirkt sich, basierend auf dem Prinzip der Rekursivität, in vielfältiger Art und Weise auf das System selbst zurück (Ritscher 2005, 93ff.).

Das Exosystem: Mikro- und Mesosysteme zeichnen sich durch die Alltagsnähe zu den in ihnen handelnden Individuen aus. Das Exosystem erweitert diese Systeme durch weitere soziale Strukturen. Die Mitglieder des Mikro- oder Mesosystems gehören dem Exosystem nicht selbst an, aber ihre Lebenswelt wird doch maßgeblich von ihnen beeinflusst. Ritscher unterscheidet Exosystem von Mikro- bzw. Mesosystem durch die fehlende „*face to face Kommunikation*" (Ritscher 2005, 96).

Bringt das Jugendamt ein Kind in Folge eines Sorgerechtsentzuges vorübergehend in einem Heim unter ergibt sich folgendes Exosystem: Familie + Jugendamt + Heim + Familiengericht. Exosysteme können jedoch auch zu einem Teil des familialen Mesosystems werden, indem sie über einen Repräsentanten in direkten Kontakt mit der Familie treten. Dies kann z. B. über den zuständigen Sozialarbeiter des örtlichen Jugendamtes geschehen, der die Familie innerhalb des Hilfeprozesses begleitet (Ritscher 2005, 95ff.).

Das Makrosystem: Das Makrosystem bildet einen übergeordneten Rahmen aus Werten und Normen für alle vorhergenannten Systeme. Hierbei wird Bezug auf die sozialen, juristischen, politischen oder ökonomischen Regelungen genommen, die sich in allen Subjekt-, Mikro-, Meso- und Exosystemen manifestieren. So sind z. B. das Kinder- und Jugendhilfegesetz oder Diskussionen über Gesellschaftsprinzipien Ergebnisse makrosystemischer Prozesse (Ritscher 2005, 98).

3.2.7. Zum Problem selbst

Schlägt man „Problem" im Duden nach, so erhält man eine Definition, die sich weitgehend mit der alltäglichen Verwendung des Wortes deckt. Ein Problem wird hier definiert als, schwierig zu lösende Aufgabe, Fragestellung oder unentschiedene Frage. Es wird meistens in Kombination mit dem Verb „haben" verwendet und fördert somit die Perspektive, ein Problem als festes Strukturmerkmal eines Systems anzunehmen. Vor dem Hintergrund der systemischen Metatheorie kann ein Problem auch anders beschrieben werden. So folgt auf ein Verhalten, welches als problematisch kommuniziert wird, die Bildung eines Systems, für das die Kommunikation über dieses Problem charakteristisch ist. In Folge dessen sprechen Goolishian u. a. von einem „problemdeterminierten System" (Schlippe/Schweizer 2007, 102).

> *„Ein Problem ist etwas, das von jemandem einerseits als unerwünschter und veränderbarer Zustand angesehen wird, andererseits aber auch als prinzipiell veränderbar."* (Schlippe/Schweizer 2007, 103)

Die Tatsache ein Problem als Zustand zu kommunizieren erfordert von den Beteiligten ein hohes Maß an Differenzierung von Handlungen und Kommunikationen. Was als Wirklichkeit erlebt wird, ist u. a. das Erzeugnis von Auswahlprozessen, der möglichen Kommunikationen. Die Feststellung, dass sich ein bestimmter Zustand über einen längeren Zeitraum nicht verändert, weißt demnach auf eine erhebliche Selektionsleistung hin. Folglich bedarf es auch immer eines Beobachters, welcher einen Zustand als problematisch beschreibt. Sind jedoch mehrere Individuen am Beobachtungsprozess beteiligt, werden schnell Diskrepanzen zwischen den unterschiedlichen Ansichten darüber entstehen, was „wirklich" das Problem darstellt und wer

„wirklich" daran beteiligt ist. Die Veränderungsbedürftigkeit bzw. die Unerwünschtheit eines Verhaltens, zeigt sich durch Kommunikation über dieses Verhalten. So wird aus einer Mitteilung über ein Problem noch kein Problemsystem, sofern sie von einem Beobachter ignoriert wird. Erst die Fortführung der Kommunikation durch einen/mehrere weitere Beobachter, führt zu einer Konstruktion des problemdeterminierten Systems.

> *„Ein Problem erschafft ein System"* (Schlippe/Schweizer 2007, 102).

Die Charakterisierung eines Problems als prinzipiell veränderbar, deutet darauf hin, dass zumindest ein Beobachter glaubt das Problem könne aus der Welt geschafft werden. Die Ansichten der Beteiligten darüber, wer jedoch für entsprechende Veränderung sorgen soll, enthält oft eine Vielzahl von Diskrepanzen. Folglich werden schon die unterschiedlichen Sichtweisen des Problems zum Teil des Problemsystems.

Für das System selbst hat das Problem oder Symptom einen ganz pragmatischen Grund: Vor dem Hintergrund massiver Veränderungen innerhalb des Systems oder in seiner Umwelt (z. B. Geburt, Scheidung, Arbeitslosigkeit), erhält es das aktuelle Gleichgewicht (Homöostase). Solche Veränderungen werden als bedrohlich erlebt, da die bisherige Identität des Systems in Frage gestellt wird. Außerdem ist ein Verhalten, welches als problematisch kommuniziert wurde immer beides: es hat sich zu einem Problem entwickelt und ist gleichzeitig auch die Lösung eines anderen Problems geworden. Das erste Problem erscheint einfach als das geringe Übel und wird daher vom System in Kauf genommen.

> *„Ein Mann klatscht dauernd in die Hände. Ein anderer fragt ihn: »Warum tun sie das?« Er: »Um die Elefanten zu vertreiben!« Der andere: »Aber hier sind doch gar keine Elefanten!« Der erste: »Eben, da sehen Sie, wie gut das wirkt!«"*
> (Schlippe/Schweizer 2007, 109)

Ein Problem zu „haben" und/oder zu erhalten, erfordert folglich gewisse Fähigkeiten, eine Wirklichkeit zu konstruieren, die sich nur noch um das Problem dreht.

Im Gegensatz zu einem rein lösungsorientierten Ansatz, wie er von de Shazer und Kollegen entwickelt wurde, wird hier dem Problem etwas Raum gegeben. Einerseits stellt die systematische Vermeidung des Problembegriffs eine Entfernung vom alltäglichen Sprachgebrauch dar, welcher im schlechtesten Fall zu einer ironischen Distanzierung auf Seiten des Klienten führt. Andererseits ermöglicht es der Sichtweise des Klienten wertschätzend gegenüber zu treten, um sein Problem situationsabhängig positiv konnotieren zu können (Schwing/Fryszer, 2009, 170ff.).

Gerade in Bezug auf die stationäre Erziehungshilfe ist es im Kontext von Missbrauchsfällen wichtig zunächst die Belastungen der vergangenen Lebensumstände anzusprechen und zu akzeptieren. Dadurch werden den Kindern und Jugendlichen die Möglichkeit gegeben ihre Wahrnehmung als gültig zu erleben und auch Verständnis für das ihnen widerfahrene Leid zu erhalten. Anschließend können mögliche Veränderungen und Lösungen fokussiert werden. Auch in Bezug auf die Elternarbeit beinhaltet das Sprechen von und über Probleme einen wichtigen Aspekt. Ändert sich beispielsweise das Verhalten das Kindes wesentlich schneller als erwartet, kann dies ein Gefühl des Versagens bei den Eltern hervorrufen, was sich wiederum erschwerend auf den gesamten Hilfeprozess auswirken kann. Hier kann es ebenfalls nützlich sein zu ergründen, welchen Sinn das Problem im Leben der Familie hatte oder auch immer noch hat.

3.3. Methoden systemischer Praxis

In den vorangegangenen Kapiteln wurde deutlich in welch komplexen theoretischen Rahmen systemische Therapie und Beratung eingebunden ist. Dem entsprechend entwickelten sich unterschiedliche Schulen, welche ihre ganz eigenen Methoden hervorbrachten. Durch die Vielfältigkeit methodischer Vorgehensweisen ergeben sich einige Kriterien, die eine Orientierung in der Praxis bieten.

- Systemisches Handeln schafft neue Möglichkeiten. Es erhöht die Selbststeuerungsfähigkeiten eines Systems und wird daher sparsam eingesetzt, um Abhängigkeitsverhältnisse zu vermeiden.
- Probleme werden positiv konnotiert und immer mit Bezug auf den lebensweltlichen oder biografischen Kontext betrachtet. Bei der Interventionsauswahl findet auch deren Rückwirkung auf das Umfeld Berücksichtigung.
- Systemische Therapie und Beratung orientiert sich nicht (nur) an Problemen, sondern an Lösungen. Die Beschreibung einer als problematisch erlebten Wirklichkeit impliziert auch immer die Kenntnis einer Wirklichkeit, die anders aussieht als die momentane. Genauso enthalten Lösungskonstruktionen immer auch die Kenntnis eines Zustandes den es zu verändern gilt.
- Ein weiterer beachtenswerter Punkt sind die Ressourcen eines Klientensystems. Es wird davon ausgegangen, dass in jedem System Ressourcen vorhanden sind. Diese werden in den Gesprächen herausgearbeitet und so dem Klienten verdeutlicht.
- Die systemische Praxis ist ein kooperativer Prozess. Da soziale Systeme autopoietische Fähigkeiten besitzen, werden die Klienten als Experten für ihre Lebenswelt betrachtet. Daraus folgt das Interventionen nicht vorhersagbar sind und der Praktiker stets offen und neugierig gegenüber der Reaktion seiner Klienten sein sollte (Schwing/Fryszer 2009, 168).

Nachfolgend werden, das „Joining", sowie das Schließen von Kontrakten und die Bildung von Hypothesen eingehender betrachtet. Es schließt sich die Vorstellung einiger systemischer Fragetechniken an, die sowohl der Informationsgewinnung, als auch der Intervention dienen.

3.3.1. Joining, Kontrakte, Hypothesen

Das Joining hilft den Kontakt zu den jeweiligen Klienten herzustellen und ist besonders für das Erstgespräch relevant. Die Atmosphäre sollte für alle Beteiligten so angenehm wie möglich sein, um ein innerliches Ankommen in der Beratungssituation zu ermöglichen. Die Schwelle in der neuen Situation anzukommen, lässt sich durch persönliche Kontaktaufnahme zu jedem einzelnen Teilnehmer, senken. Hierbei ist insbesondere auf eventuell anwesende Kinder zu achten, da auch ihre Sichtweisen wichtig für die Gesamtsituation sind. Während des Joinings lassen sich ebenfalls das Sprachniveau und/oder Schlüsselwörter explorieren. Der Therapeut oder Berater tritt als Gastgeber auf und übernimmt die Gesprächsführung (leading), wobei er auf eine Anpassung an den Sprachstil des Klienten (pacing) achtet. Das Pacing ermöglicht es dem Therapeuten sich stärker an der Lebenswelt seiner Klienten zu orientieren. Die Themen des Joining richten sich hauptsächlich auf Small Talk und die angenehmeren Lebensbereiche der Klienten, beispielsweise Arbeit, Hobbys oder Sport. Nach dem Joining verschafft sich der Berater einen Überblick bezüglich der Aufträge die an ihn gerichtet werden. Der Fokus liegt hier besonders auf den Erwartungen in Bezug auf das Erstgespräch, die Aufträge und Erwartungen der Anwesenden (auch des Therapeuten selbst) und der Aufträge von eventuell überweisenden Personen oder Institutionen. Besonders sind hier die Unterschiede zwischen den Aufträgen der Anwesenden und Überweisenden zu beachten und die eigenen Möglichkeiten der Auftragsübernahme darzulegen. Die Auftragsklärung ist für die Schließung eines Kontraktes unerlässlich (Schwing/Fryszer 2009, 33ff.).

Ein Kontrakt fasst alle wichtigen Bedingungen und Zielsetzungen zusammen. Auch die jeweiligen Verpflichtungen werden festgehalten und die Beratungssituation gewinnt an Verbindlichkeit. Des Weiteren ermöglichen Kontrakte die Grenzen der Hilfe aufzuzeigen. Durch die Vereinbarung von Verpflichtungen und Zielen, wird auch schnell deutlich, was außerhalb des Erwartbaren liegt. Die Situation wird somit transparenter und alle Beteiligten wissen worauf sie sich einlassen.

Gerade für komplexe Hilfesysteme (z. B. Familie + Therapeut + Heim + Jugendamt) bieten Kontrakte einen weiteren Vorteil: Sie eignen sich zum Informationsmanagement. Bei der Beteiligung von mehreren Institutionen ist die Festlegung darauf, wie mit Informationen umgegangen wird, ein wichtiger Bestandteil eines erfolgreichen Hilfeprozesses (Schwing/Fryszer, 2009 104ff.).

Im Vorfeld eines jeden Gespräches, verfügt der Berater oder Therapeut über Informationen, die seine Klienten betreffen. Vor einem Erstgespräch sind dies meist sog. „harte" Fakten, wie Name, Alter, Beruf, Wohnort oder Familienstand. Aber selbst diese Informationen reichen aus um eine erste Arbeitshypothese aufzustellen. Grundsätzlich bedeutet Hypothese eine noch nicht bestätigte Annahme über einen Sachverhalt dahin gehend zu überprüfen, ob sie sich verifizieren oder falsifizieren lässt. Innerhalb eines systemischen Denkrahmens ist eine Aussage über richtig oder falsch nicht relevant. So lässt sich eine Hypothese aufgrund ihrer Nützlichkeit aufrecht erhalten oder verwerfen. Zum einen dienen Hypothesen der Anregung neue Sichtweisen zu erkunden und sie den Klienten anzubieten. Zum anderen ergibt sich aus ihr auch eine gewisse Struktur für das Gespräch. So ist der Therapeut in der Lage dieses in eine Richtung zu steuern, die seine Hypothese bestätigt oder sie für falsch erklärt. Beide Ergebnisse führen zu Informationsgewinn und folglich auch zu weiteren Hypothesen. Werden diese bestätigt kann das Gespräch gezielt auf entsprechende Beziehungen gerichtet werden, um einen Veränderungsprozess anzuregen (Selvini Palazzoli, Boscolo, Cecchin, Prata 1981, 4ff.). Selvini et al. betonen jedoch das eine Hypothese, damit sie sich als brauchbar erweist, unbedingt systemisch sein muss. Gemeint ist, dass sie alle Komponenten des Problemsystems umfassen muss und sie muss eine Annahme darüber liefern, inwiefern sich die Funktion der Beziehungsverhältnisse vollständig erfassen lässt (Selvini Palazzoli, Boscolo, Cecchin, Prata 1981, 6). Das hypothetisieren hat bis heute noch nicht an Wichtigkeit verloren. So formulieren Schlippe und Schweizer:

> *„Eine systemische Hypothese ist [...] passend und nützlich, je mehr Mitglieder eines Problemsystems sie umfasst und je mehr sie in der Lage ist, die Handlungen der verschiedenen Akteure in wertschätzender Weise zu verbinden."* (Schlippe/Schweizer 2007, 117ff.)

Die Informationen, welche durch hypothesengeleitetes Handeln gewonnen werden, lassen sich in verschiedener Art und Weise dokumentieren und visualisieren. Auf der einen Seite lassen sich mit Hilfe von Anamnesebögen harte Fakten, erste Problemexplorationen, bisherige Lösungsversuche oder Erwartungshaltungen festhalten.

Um weiterführend die „harten" Fakten zu visualisieren, eignet sich die Erstellung eines Genogramms (Abb.4).

Abb. 4 Symbolsprache des Genogramms (Schlippe/Schweizer 2007, 130)

Mit Hilfe dieser Symbolsprache lassen sich mehrere Generationen erfassen und es bleibt neben der Dokumentation von den schon angesprochenen

„harten" Fakten auch Raum für sog. „weiche" Informationen. Dazu gehören u. a. Eigenschaften, die den einzelnen Personen zugeschrieben werden, eventuelle familiale Streitfragen oder allgemeine Informationen zum Familienklima. Das Genogramm eignet sich im Gegensatz zu der bereits erwähnten Map auch zur gemeinsamen Erstellung mit den Klienten. Sie enthält Informationen, die für alle Beteiligten transparent kommuniziert und festgehalten wurden. Eine Map oder Systemzeichnung hingegen enthält Hypothesen des Therapeuten bezüglich Koalitionen, Allianzen oder Konflikten. Da diese jedoch keinerlei Richtigkeitsanspruch haben und wiederum leicht zu weiteren Konflikten führen können, sollten sie daher nach einem Gespräch in Abwesenheit der Klienten erstellt und in der nächsten Sitzung überprüft werden (Schlippe/Schweizer 2007, 127ff.).

3.3.2. Systemische Fragetechniken

Um die aufgestellten Hypothesen überprüfen zu können stehen einen systemischen Berater oder Therapeuten viele Möglichkeiten offen, durch gezieltes Fragen an Informationen zu gelangen und gleichzeitig auch vorherrschende Beziehungsmuster zu verdeutlichen. Die meisten Fragen zielen darauf ab, neue Sichtweisen auf ein Problem zu konstruieren oder alte Perspektiven zu dekonstruieren. Wie bereits erwähnt liegt der systemischen Metatheorie der Begriff der Zirkularität zugrunde. Diese zirkuläre Perspektive erlaubt es nicht, Ereignisse von ihrem Kontext zu lösen und bildet daher die Basis für systemische Gesprächsführung. Der Therapeut begibt sich dadurch in das wechselseitige Beziehungsgeflecht des Systems, wobei jede Frage durch seine eigene Wahrnehmung des Systems und seiner daraus resultierenden Hypothese determiniert ist. Des Weiteren erlaubt dieses Verständnis von Zirkularität den Blick auf Unterschiede. Da Unterschiede aber gleichzeitig auch Information bedeuten, lässt eine zirkuläre Gesprächsführung nicht nur Rückschlüsse auf die Beziehungen der einzelnen Systemmitglieder und deren Wechselwirkung zu. Sie ermöglicht ebenfalls den

Blick auf Unterschiede zwischen deren Sichtweisen, den Reaktionen aufeinander oder Reaktionen auf das Problem selbst (Selvini Palazzoli et al. 1981, 10ff.).

Die Fragen eines Beraters oder Therapeuten implizieren jedoch immer eine Intention: Sie sollen die Wechselwirkung zwischen einem Problem und den Interaktionsmustern eines Systems erforschen. Außerdem sollen sie diese Wechselwirkungen für die Klienten erlebbar machen. Zirkuläre Fragen können daher als Technik zur Informationsgewinnung nutzbar gemacht werden, enthalten jedoch durch die implizite Intention des Beraters, immer auch eine Intervention, die zu einer nicht vorherzusehenden Veränderung innerhalb des Systems führt (Schwing/Fryszer 2009, 211).

Klassifikations- und Skalierungsfragen eignen sich besonders um unterschiedliche Sichtweisen zu erkennen und/oder zu verdeutlichen. Hierbei werden Beziehungen oder Sichtweisen in eine Rangfolge gebracht („Wem brachte die letzte Hilfemaßnahme die größte Zufriedenheit, wem die geringste?" oder „Wie schätzen sie die Situation, auf einer Skala von 1 bis 10, ein? 1 bedeutet zu kündigen und 10 den Job auf jeden Fall zu behalten."). Hinweise auf mögliche Macht- und Interessenkonstellationen lassen sich mit Hilfe von Übereinstimmungsfragen aufdecken (Wer ist auch der Meinung, dass sich diese beiden näher stehen als alle anderen? Wer stimmt nicht zu?). Fragen die verschieden Subsysteme miteinander vergleichen, gehen noch etwas tiefer. Es wird noch eine Außenperspektive hinzugefügt und somit die Beziehungsverhältnisse noch eingehender verdeutlicht (Wenn sich eure Eltern streiten, was tut ihr Kinder in der Zwischenzeit?) (Schlippe/Schweizer 2007, 143ff.).

Eine weitere Möglichkeit Informationen über das aktuelle Beziehungsgeschehen des Klientensystems zu erhalten, sind sog. Gedanken lesende Fragen (Was denken sie würde ihre Mutter dazu sagen, wenn sie jetzt hier wäre?). Bestimmte Fragen eignen sich auch zur Konkretisierung eines Problems (Was tut der Schüler, damit er zum Klassenclown erklärt wird?). So wird aus der dem Schüler zugeschriebenen Eigenschaft (Klassenclown) ein unerwünschtes Verhalten, welches wiederum in seinem Kontext betrachtet werden kann (Schwing/Fryszer, 2009, 215).

Manchmal haben sich die Klienten auch schon so intensiv um eine Lösung des Problems bemüht, dass sie die Situation als festgefahren erleben und keinen Ausweg mehr sehen. Hier ist eine stärkere Lösungsorientierung hilfreich. Mit der sog. Wunderfrage lässt sich eine Vorstellung, von einer Zukunft ohne das Problem, konstruieren.

> *„Wenn das Problem durch ein Wunder über Nacht weg wäre: Woran könnte man erkennen, daß es passiert ist?"* (Schlippe/Schweizer 2007, 159)

Schwing und Fryszer bezeichnen alle zirkulären Fragen als Form des Reframings. Sie basieren alle auf einem impliziten Zusammenhang zwischen einem Problem und seinem Kontext und vermeiden dadurch eine Problemdefinition, die auf individuellen Eigenschaften beruht. Sie ermöglichen weiterhin das Problem in einen Rahmen (eng. frame) von Nützlichkeit zu stellen. So werden aus Opfern auch mal Täter (Wann entscheidet sich ihre Tochter dazu nichts zu essen?) (Schwing/Fryszer 2009, 220ff.). Sie verweisen jedoch auf das Kommunikationsmodell nach Schulz von Thun (1981) und folgern aufgrund der Appellebene, die Bestandteil einer jeden Kommunikation ist, dass auch jede Umdeutung gewisse Richtungsvorschläge impliziert. Andere Autoren (z. B. Schlippe/Schweizer 2007, 177ff.) sehen hingegen die wichtigste Funktion des Reframings in der Verstörung der bisherigen Sichtweisen des Systems.

3.4. Kritische Gedanken zum systemischen Ansatz

Die systemische Therapie und Beratung bietet viele Möglichkeiten zur (Er-) Findung neuer Sichtweisen um ein Problem in einen unproblematischen Kontext zu stellen. Dieser Ansatz bietet aber auch Fläche für Kritik. So werden meistens die Übertragung des Konzeptes der Autopoiese auf soziale Systeme und die Erkenntnistheorie des Konstruktivismus angezweifelt.

Die Systemtheorie definiert soziale Systeme als operational geschlossen und selbsterzeugend. Sie sind daher nicht von außen instruierbar. Folglich ergibt sich ihre Organisation nicht aus umweltbedingten Beeinflussungen, sondern aus systeminternen Prozessen. Ritscher verweist an diesem Punkt jedoch auf Umwelteinflüsse denen sich Systeme nicht entziehen können und über die sie keine Kontrolle haben. Als Beispiel dient hier die Familie. Innerhalb dieses Systems wurden durch wechselseitige Interaktion, Regeln, Rollen und Werte, entsprechend der Lebensumstände geschaffen. Diese Lebensumstände sind jedoch an äußere Gegebenheiten geknüpft welche das System mit Blick auf das eigene Überleben nicht ignorieren kann. So wird das System, beispielsweise durch den Verlust des Arbeitsplatzes ihres Hauptverdieners oder eine Senkung von Sozialleistungen, stark durch ihre Umwelt beeinflusst. Diesem Umstand trägt Ritscher Rechnung indem er den Begriff der *Selbstorganisation* vorschlägt. Er legt diesem Konzept die folgenden Aspekte zu Grunde: Systeme gleichen Unterschiede und Widersprüchlichkeiten ihrer Teile durch interne Prozesse aus. Ebenso wird das Gleichgewicht zwischen den unterschiedlichen Anforderungen von System und Umwelt gewahrt. Des Weiteren werden die Regeln zur Eigensteuerung nicht im System selbst erschaffen, sondern entstehen durch wechselseitige Assimilation und Akkommodation von Informationen zwischen System und Umwelt. Ritscher sieht hierin eine Etablierung von äußeren Umwelten innerhalb des System die zu weiteren systeminternen Prozessen anregen (Ritscher 2005, 58).

Die konstruktivistischen Grundlagen der Systemtheorie sind wie auch das Konzept der Autopoiese nicht unbestritten. So wird dem Konstruktivismus häufig ein Hang zur Beliebigkeit unterstellt. Patak und Simsa verweisen in diesem Zusammenhang auf eine gewisse Kontingenz, die der systemischen Denkweise zu Grunde liegt. Demnach ist Erfolg oder Misserfolg einer Beratung nur schwer messbar da die Ereignisse die ein Beobachter wahrnimmt immer auch ganz anders sein können. Dem systemischen Ansatz kann so, positiv konnotiert, eine gewisse Unangreifbarkeit attestiert werden. Dadurch wird Misserfolg zu einer reinen Konstruktion und Kritik lässt sich als subjektive Zuschreibung deuten. Diese Sichtweise hat jedoch auch eine Schattenseite. Durch solch eine Konstruktion von Wirklichkeit kann sich ein Berater oder Therapeut nie sicher sein den eigenen Beruf auch tatsächlich zu beherrschen (Patak/Simsa 2004, 3). Auch wenn Vertreter des Konstruktivismus die Existenz einer Realität nicht bestreiten, sondern lediglich auf die mangelnde Erkenntnisfähigkeit des Menschen verweisen, bleibt eine Debatte bezüglich Beliebigkeit nicht aus. An dieser Stelle kann auf Ritschers Begriff der *subjektiven Rekonstruktion der Wirklichkeit* verwiesen werden. Eine solche Betrachtung berücksichtigt eine materielle Wirklichkeit und deren Einfluss auf ein System. Darüber hinaus trägt sie der Tatsache Rechnung, dass Realität nicht allein durch Denkprozesse entsteht. Folglich kann ein Beobachter nichts an ihrer Existenz verändern, wohl aber an ihrer Bedeutung (Ritscher 2005, 27).

Diese kritischen Überlegungen zeigen, dass auch eine systemische Betrachtungsweise weder „richtiger" noch „objektiver" ist als andere Theorien oder Modelle. Auch sie stellt lediglich einen Versuch da, die Komplexität zwischenmenschlicher Beziehungen zu reduzieren und im Umgang mit diesen Orientierung zu bieten. Jedoch werden dem System auch durch einen Diskurs neue Informationen und Sichtweisen hinzugefügt, die es zu einer Veränderung anregen können.

4. Systemische Ideen für die stationäre Erziehungshilfe

Ein von einer systemischen Perspektive geprägtes Handeln, lässt sich durch das Aufsetzen unterschiedlicher Brillen symbolisieren. Die Brillen stehen hier für die verschieden Sichtweisen, mit deren Hilfe eine Wahrnehmung der Wirklichkeit beschrieben werden kann. Durch das Wechseln der Brillen (Perspektiven) entstehen neue Information bezüglich eines Ereignisses und setzten dieses in einen anderen Kontext. Die neuen Informationen haben das Potenzial das System zu einer Veränderung seiner Organisation anzuregen. Neben einer Erkenntnisperspektive und einer akzeptierenden Werthaltung stellen systemische Denk- und Handlungsansätze auch eine Rechtsverwirklichung im Sinne des KJHG dar (Bertsch/Böing 2005, 181). Die systemische Brille wird im Folgenden dazu verwendet das Arbeitsfeld der stationären Erziehungshilfe zu betrachten und die Nützlichkeit einer solchen Perspektive herauszuarbeiten. Hierzu richtet sich der Fokus zuerst auf das triadische Verhältnis zwischen der Familie, dem Heim und dem Jugendamt. Im Anschluss werden lösungsorientierte Ideen vorgestellt wie sie im Kontext der stationären Erziehungshilfe hilfreich sein können. Die Unterschiede, welche sich aus einer systemischen Grundhaltung innerhalb dieses Rahmens ergeben, werden hier verdeutlicht. Am Ende des Kapitels wird skizziert wie sich der systemische Ansatz in die bisherige Konzeption einer Einrichtung der stationären Erziehungshilfe integrieren lässt.

4.1. Das Heim als Arbeitssystem – die Triade

Das zweite Kapitel hat verdeutlicht, dass eine Beteiligung der Herkunftsfamilie und des Kindes oder Jugendlichen am Hilfeprozess gefordert wird. Allerdings wurde auch herausgestellt, wie sehr es an der Ausbildung und praktischen Umsetzung der pädagogischen Mitarbeiter hapert. Insbesondere die stationäre Erziehungshilfe verfolgt primär das Ziel eine Rückführung in die Herkunftsfamilie zu ermöglichen. Zur Erfüllung dieser Vorgaben kann der systemische Ansatz in vielen Aspekten hilfreich sein. Einerseits kann familientherapeutische Arbeit eine Rückführung in die Herkunftsfamilie ermöglichen. Andererseits bietet eine systemische Perspektive die Gelegenheit des Einbezugs und der Berücksichtigung weiterer beteiligter Systeme (z. B. das Jugendamt). Bei systemischen Denk- und Handlungsansätzen stehen Unterschiede, Verhältnisse und Beziehungen im Vordergrund. Dadurch ermöglichen sie die Benennung von Ressourcen und dienen der Anregung von Veränderungsprozessen.

Die stationäre Erziehungshilfe kann als *Arbeitssystem* welches Veränderungsprozesse in der Herkunftsfamilie anregt und sich durch Transparenz der Auftragslage auszeichnet konstruiert werden (Lemme 1999, 120). In diesem Kontext ergeben sich drei Beziehungen welche für einen erfolgreichen Hilfeprozess konstitutiv sind: die zwischen dem Jugendamt und der Familie, die Beziehung zwischen der Einrichtung und der Familie und schließlich die zwischen der Einrichtung und dem zuständigen Jugendamt. Das Kind bildet das Bindeglied zwischen den Mikrosystemen Heim und Familie und das Exosystem Jugendamt wird durch den Kontakt des zuständigen Sachbearbeiters zur Familie und zum Heim ein Teil des Meso- bzw. Arbeitssystems.

Die Beziehung zwischen Jugendamt und Herkunftsfamilie wird häufig von dem zwiespältigen Anspruch auf Förderung der Eigenverantwortung und Ausübung von sozialer Kontrolle überschattet. Hieraus ergibt sich eine differenzierte Auftragskonstellation. So könnte die Familie beispielsweise Hilfe oder Entlastung durch ambulante Angebote wünschen wogegen das Jugendamt aufgrund seiner Garantenstellung eine Fremdunterbringung für angebracht hält und die Familie auffordert zunächst einen Lebensraum zu schaffen, indem eine entwicklungsgerechte Erziehung möglich ist.

Die Beziehung zwischen Heim und Jugendamt ist eher eine geschäftliche. Durch den gesellschaftlichen und rechtlich verbindlichen Auftrag der Jugendhilfe ist diese auf die Unterstützung freier Träger zur Leistungserbringung angewiesen. Somit können die Jugendämter als Kunden der stationären Erziehungshilfe bezeichnet werden. Auch hier befindet sich das Jugendamt im Spannungsfeld von Kooperation und Kontrolle. Einerseits ist eine gelingende Kooperation zwischen Leistungserbringer und Auftraggeber maßgeblich für den Hilfeprozess und Andererseits obliegt dem Jugendamt auch die Kontrolle der von freien Trägern erbrachten Leistung. In einer Zeit, da finanzielle Spielräume in den Kommunen eher gering sind, werden trotz der rechtlich festgeschrieben Gleichrangigkeit von Hilfen zur Erziehung *„aus Kostengründen zunächst „günstigere" und „weichere" Formen der Jugendhilfe angewandt"* (Lemme 1999, 125). Diese Entwicklung bedroht die Existenz vieler Heime und führt zu einer Verwässerung des Leistungsangebotes. Manche Angebote können nicht mehr umgesetzt werden, müssen jedoch in der Leistungsbeschreibung verbleiben um weitere Neuaufnahmen zu ermöglichen. Hier kann jedoch ein offener Umgang mit den gegenseitigen Aufträgen einer konstruktiven Zusammenarbeit zuträglich sein. Denkbare Aufträge des Jugendamtes könnten die Verbesserung der Entwicklungschancen des jungen Menschen sein oder eine Veränderung der familiären Situation um eine schnelle Rückkehr zu ermöglichen. Das Heim könnte eher an einer klaren Stellungnahme bezüglich des zeitlichen Umfangs der Unterbringung oder einer rechtlichen Absicherung interessiert sein.

Die Beziehung zwischen der Herkunftsfamilie und dem Heim erweist sich für den Verlauf des Hilfeprozesses als besonders bedeutend da sie eine Vielzahl von Konflikten enthalten kann. Innerhalb dieses Mesosystems lassen sich symmetrische und komplementäre Beziehungsmuster unterscheiden, welche das Beziehungsgeschehen stark beeinflussen können. Die Gefahr bei komplementären Beziehungsmustern besteht in der gegenseitigen Aufrechterhaltung der Homöostase sowohl des Systems „Heim", als auch des Systems „Familie".

> *„Die Familie hat die Regel: Wir klären unsere Beziehung nicht, weil das zu schmerzhaft wäre. Das Heim hat die Regel: Alle Heimplätze müssen belegt sein."* (Broenneke 1988, 221)

Diese beiden Regeln verdeutlichen die Funktion, die dem Kind oder Jugendlichen als Symptomträger in beiden Systemen zukommt. Einerseits sorgt das

Symptom für eine andauernde Belegung eines Heimplatzes, da eine Rückführung in die Familie ohne eine Verhaltensänderung nicht möglich ist. Andererseits fördert das Symptom die Stabilisierung der Beziehungsmuster im Familiensystem.

Symmetrische Beziehungsmuster erscheinen zunächst konfliktarm, da offensichtlich eine Übereinstimmung vorliegt. Diese könnte sich folgendermaßen darstellen:

> *„Wir, die Eltern, wollen uns nicht mehr mit dem schwierigen Kind herumschlagen – wir, das Heim, sind die richtige Institution zur Erziehung schwieriger Kinder"* (Lemme 1999, 126)

Aus dieser Übereinstimmung ergeben sich jedoch erhebliche Schuldgefühle für die Eltern und eine Bestätigung ihres eigenen Versagens. Folglich befindet sich der junge Mensch in einem schwerwiegenden Loyalitätskonflikt und sieht sich einer paradoxen Handlungsaufforderung ausgesetzt. Er soll sich bessern, ohne sich dabei zu ändern. Einerseits bedeutet eine Verhaltensänderung Verrat an der Familie und eine Bestätigung ihres Versagens und Andererseits kann diese Schuld nur durch Verstärkung des Symptoms gemildert werden (Broenneke 1980, 221). Hier ist der Machtkampf zwischen Eltern und Fachkräften praktisch vorprogrammiert.

Diese Überlegungen bezüglich der unterschiedlichen Subsystemen im Arbeitssystem der Heimerziehung und die sie kennzeichnenden Beziehungsmuster lassen Rückschlüsse auf Grundhaltungen zu, welche für das Handlungsfeld der stationären Erziehungshilfen von besonderer Bedeutung sind. In einem solchen Setting ist eine Transparenz der Interessenlage unumgänglich. Unter Berücksichtigung des Datenschutzes sollten relevante Informationen allen Mitgliedern des Helfersystems sowie den Klienten zur Verfügung stehen (Lemme 1999, 130). Die im KJHG geforderte Orientierung am Einzelfall ist auch aus systemischer Sicht unverzichtbar, da jede Einrichtung unterschiedlichen Rahmenbedingungen unterliegt und auch jede Familie über ihren eigenen lebensweltlichen und biografischen Kontext verfügt. Um möglichen Loyalitätskonflikten vorzubeugen, bietet es sich an offen mit den professionellen Rollen des Beraters und des Kontrolleurs umzugehen. Des Weiteren sind die Beobachtung des Heimsystems und seiner internen Beziehungsmuster sowie die Verhältnisse zu den anderen am Helfersystem beteiligten Institutionen von besonderer Bedeutung. Für die gesamte Triade, bestehend aus Familie, Jugendamt und Heim, ist die Förderung eines Kommunikationsflusses zwischen allen Beteiligten von großer Wichtigkeit (Broenneke 1988, 223). Beispielsweise lassen sich Beziehungskonflikte innerhalb des Heims oder zwischen Heim und anderen Einrichtungen auf ähnliche Art beobachten wie sie bereits zuvor am Beispiel der Beziehung von Heim und Familie gezeigt werden konnten.

Aus diesen Überlegungen lassen sich strukturelle Grundlagen für eine gemeinsame am KJHG orientierte Zusammenarbeit ableiten. Erfolgreiche Kooperation kann nur durch gemeinsame Ziele erreicht werden. Diese müssen schriftlich und für alle Beteiligten einsehbar in Form eines Kontraktes festgehalten werden. Der Kontrakt kann weiterhin zur Klärung grundlegender Aspekte der Zusammenarbeit beitragen und ebenfalls verdeutlichen, dass gemeinsam definierte Ziele auch nur gemeinsam verändert werden können.

4.2. Lösungsorientierung im Kontext der Heimerziehung

Das die systemischen Grundhaltungen der Beziehungsklärung dienen konnte zuvor verdeutlicht werden. Die folgenden Überlegungen sind nicht als Modell oder Konzept zu verstehen, welches sich beliebig eins zu eins auf eine Einrichtung übertragen lässt. Sie können mehr als Denkweisen oder Grundhaltungen betrachtet werden, da die unterschiedlichen Kontexte verschiedene methodische Vorgehensweisen erfordern können. Da sowohl die Familien, als auch die Heimerziehung über einzigartige historische, strukturelle und interaktionistische Kontexte verfügen, gestaltet sich eine Generalisierung von Konzepten und Methoden als schwierig. Theoretisch und methodisch abgesichertes Handeln ist jedoch eine Grundvoraussetzung für professionelle Erziehung, sodass die Grundhaltungen als Basis einer einrichtungs- und einzelfallorientierten Konzeption stationärer Erziehungshilfe zu verstehen sind. Bilden diese Grundhaltungen das Fundament für professionelles Handeln, kann eine Distanzierung von der Vorstellung, Heimerziehung müssen junge Menschen „heilen" oder „verändern", erfolgen. Dadurch eröffnen sich Möglichkeiten für die Familie und die Kinder oder Jugendlichen sich selbst als kompetent und erfolgreich zu erleben, so dass stationäre Erziehungshilfe auf den Ressourcen und Stärken aufbaut, welche in allen beteiligten Systemen vorhanden sind.

> *„Wenn wir einen einheitlichen Denk- und Handlungsrahmen [...]*
> *schaffen können, maximieren wir unsere Effektivität. "*
> (Durrant 2001, 12)

Im Falle der stationären Erziehungshilfe ist der Kontext von besonderer Bedeutung, da er der Hilfe einen Sinn verleiht und damit als Basis der Interpretation von Ereignissen dient. Hilfen zu Erziehung geschehen jedoch oftmals in einem Kontext, der von einer kindliche Pathologie ausgeht und die Eltern in ihrem Gefühl des Versagens bestärken. Dies ist der Fall, wenn die verantwortlichen Fachkräfte auf ihren Expertenstatus bestehen und versuchen eine aus ihrer Perspektive „bessere" Form von Erziehung anzubieten. Somit ist die Heimunterbringung der letzte Schritt in dem Bestreben jemanden zu finden, der den jungen Menschen „wieder in Ordnung bringt". Durch die vergangen Versuche den jungen Menschen zu verändern, besitzt die Familie feste Vorstellungen von Inkompetenz, Versagen oder Pathologie. Folglich richtet sich der Fokus der folgenden Überlegungen darauf, wie Familien ihren Erfahrungen Sinn verleihen und wie sie darin unterstützt werden können neue Perspektiven in Betracht zu ziehen. Erst dadurch werden Veränderungen innerhalb des Beziehungsgefüges und somit dem Verhalten möglich.

4.2.1. Der Heimaufenthalt als ritueller Übergang

Übergangsrituale haben in der menschlichen Gesellschaft eine lange Tradition. So finden Rituale auch heute noch in vielen Stammeskulturen statt, um beispielsweise den Übergang von Jungen zu Mann zu markieren. Zu einem festgelegten Zeitpunkt verlassen die Jungen das Dorf, um in der Wildnis ihre Fähigkeiten der Jagd, des Fährtenlesens usw. zu trainieren. In dieser Zeit des Übergangs sind sie weder Erwachsene noch Kinder. Sie experimentieren mit dem Verhalten der Erwachsenen und kehren nach einer gewissen Zeit ins zurück Dorf, wo sie fortan als Erwachsenen wahrgenommen werden. Die Rückkehr ist meistens mit einem großen Fest verbunden, welches einer öffentlichen Würdigung des neuen Status dient. Demnach können Übergangsriten als Prozesse verstanden werden, welche den Übergang eines Lebensabschnittes oder Status in einen anderen markieren und da er für alle sichtbar vollzogen wird auch Gültigkeit besitzt.

Den Aufenthalt von Kindern und Jugendlichen in einer Einrichtung der stationären Erziehungshilfe Übergangsritual zu deuten, schafft einen nützlichen Rahmen für eine Neukonstruktion für den Hilfeprozesses. Der Heimaufenthalt als ritueller Übergang lässt sich in drei Abschnitte Gliedern: die Trennungsphase, die Schwellen- oder Übergangsphase und die Phase der Wiedereingliederung oder Reintegration (Durrant 2001, 37ff.).

Die offensichtliche Trennung des jungen Menschen von seiner Familie wird aus systemischer Perspektive wenig Beachtung geschenkt, um die Herausstellung der kindlichen Defizite nicht weiter zu fördern. Vielmehr kann die Inanspruchnahme von Heimerziehung, als Entschluss der Familie verstanden werden, sich von ihren Problemen tu trennen. Es geht also nicht primär um die Trennung von Menschen, sondern um eine Trennung von dem alten Status der Inkompetenz. Diese Statusveränderung kann nur über eine Trennung von alten Perspektiven auf den problematischen Sachverhalt, welcher auch meist der Grund für Heimunterbringung ist, erreicht werden.

„Dieser Prozess soll eine Denkweise über die Unterbringung begründen, die die Stärken der Familie betont und es wahrscheinlicher macht, daß sie daran mitarbeiten, in eine neue Richtung zu gehen.
(Durrant 2001, 41)

In der Phase des Übergangs hat die Familie nicht mehr in ihrem alten Status inne (den der Inkompetenz), hat aber den Neuen noch nicht erreicht. Diese Phase ist geprägt von Experimenten, denen im Kontext der Heimerziehung Raum gegeben werden muss. Da die Familie mit dem neuen Status von Kompetenz noch wenig Erfahrung hat ist es notwendig, dass die Mitglieder neue Verhaltensweisen erproben, welche ihnen in dem angestrebten neuen Status nützlich sein können. Die Perspektive des Experimentierens steht der Sichtweise entgegen, der junge Mensch würde sich während der Unterbringung gleichmäßig verändern und seine Verhaltensauffälligkeiten könnten „geheilt" werden. Eine lösungsorientierte Grundhaltung ist daher durch eine Betonung von Ausnahmen zum gegenwärtigen Verhalten gekennzeichnet und deutet sie ebenso wie Rückschläge als Teil einer experimentellen Entdeckung. Neben der zuvor beschriebenen Denkweise über die stationäre Erziehungshilfe ist es auch wichtig wie die pädagogischen Fachkräfte auf Verhalten während des Hilfeprozesse reagieren und in welcher Weise sie darüber sprechen (Durrant 2001, 45).

Wird Heimerziehung in einem Kontext von „Heilung" gesehen, kann eine Wiedereingliederung oder Rückführung in die Herkunftsfamilie vermutlich niemals erfolgen. Es ist demnach entscheidend wann die Familie bereit ist die Herausforderungen selbstständig zu bewältigen da sie sich ihrer Stärken und Ressourcen bewusst sind. Wird eine Rückführung ermöglicht und von allen Beteiligten befürwortet, so ist der Übergang vom Status der Inkompetenz und Unsicherheit in einen Status der Kompetenz und des Vertrauens in die eigenen Ressourcen vollzogen. Zum Abschluss des Rituals wird der Erfolg durch ein großes Fest öffentlich gemacht. Dieses Fest ist nicht nur Ausdruck der (ernsthaften) Freude über das bisher erreichte, sondern markiert auch öffentlich, dass die Ritualteilnehmer einen neuen Status erreicht haben. Dieser ist unumkehrbar da sich für alle Beteiligten die Sichtweise ihre Wirklichkeit verändert hat und eine Rückkehr in den alten Status nicht mehr möglich ist.

4.2.2. Das Thema des Aufenthalts

Nachdem der Kontext beschrieben wurde wie er sich aus einer lösungsorientierten Perspektive für die stationäre Erziehungshilfe darstellt, ist weiterhin bedeutsam in Kooperation mit der Familie ein Thema für den Zeitraum der Hilfe zu konstruieren. Dieses Thema zeichnet sich vor Allem dadurch aus, dass es für die Familie einen Sinn ergibt, also den Kontext des Familiensystems berücksichtigt. Es ist ebenfalls zielorientiert statt problembezogen und gibt auch den Eltern die Gelegenheit am Veränderungsprozess teilzuhaben. Des Weiteren ermöglicht eine thematische Deutung der stationären Erziehungshilfe den involvierten Helfern und der Familie eine gemeinsame Sprache die im Kontext der Hilfe verwendet werden kann. Unter diesen Gesichtspunkten kann ein Thema sowohl dem Gefühl des Versagens entgegenwirken, als auch einen Rahmen schaffen indem die Familienmitglieder weitgehend das Gefühl haben selbst entscheiden zu können (Durrant 2001, 61).

> *„Es gibt bekanntlich nichts, was **immer** geschieht; nichts ist **immer** dasselbe.“* (de Shazer 2005, 215)

Da die Familienmitglieder das Problem jedoch meist über einen langen Zeitraum als „immer" vorhanden wahrgenommen haben, können sie Ausnahmen vom Problemverhalten nicht als potenzielle Lösungsmöglichkeit in Betracht ziehen. Die daraus folgende Grundhaltung der pädagogischen Mitarbeiter sich an Ausnahmen vom beklagten Verhalten zu orientieren fordert dazu auf diese Ausnahmen wahrzunehmen und auf sie aufmerksam zu machen, um so dem Kind oder Jugendlichen ein Erleben seiner eigenen Kompetenz zu ermöglichen.

„Das ist vielleicht ein bißchen so, als ob man „zusieht, wie das Gras wächst", da man hierbei wirklich auf das allerkleinste Zeichen achten und auf den geringsten Fortschritt reagieren muß. "
(Durrant 2001, 120)

Das Thema könnte beispielsweise für das Übergangsritual eines Jugendlichen, der häufig aufgrund seiner Wutanfälle Gewalt gegen die Mutter ausübt, „Wutbändigen" lauten. Während des Aufenthalts kann nun gezielt nach Situationen gesucht werden in denen der Jugendliche seine Wut unter Kontrolle hat. So erfährt der Jugendliche die Kontrollierbarkeit seines Veraltens und erlebt sich nicht mehr als von der Wut beherrscht. Auch die Mutter wird in den Prozess des Übergangs miteinbezogen. Bei Wochenendaufenthalten zu Hause könnte sie beispielsweise die Rolle der „Wutbändiger-Trainerin" übernehmen und ist damit aktiv in den Hilfeprozess eingebunden. Schafft es das familiäre System gemeinsam die Kontrolle über die Wut zu erlangen ist der Übergang vollzogen. Auf dem anschließenden Fest können der Jugendliche und die Mutter Urkunden erhalten, welche sie als „Meister der Wutbändiger" bzw. „Wutbändiger-Trainerin" auszeichnen (Durrant 2001, 67ff.).

Die Inanspruchnahme stationärer Erziehungshilfe stellt immer ein absichtsvolles Handeln dar. Diese Absicht bestimmt die Art und Weise wie die Mitglieder des Helfersystems ihr eigenes Handeln wahrnehmen und wie sie auf bestimmtes Verhalten reagieren. Im Gegensatz zu einer oftmals praktizierten Problemfokussierung baut das Thema in einem lösungsorientiert umgedeuteten Übergangsritual auf den Stärken und Ressourcen des Familiensystems auf und bietet so Möglichkeiten zur Veränderung.

4.2.3. Zielsetzungen und Zukunftsorientierung

Streng genommen impliziert jede Zielsetzung auch eine Problemorientierung. Mit Hilfe von Zielen lässt sich beispielsweise beschreiben welche Probleme es zu lösen gilt und welche Fragen in diesem Zusammenhang erörtert werden müssen. Ziele stehen so meist in einem Kontext von einem problematischen Verhalten das es zu ändern gilt.

> *„Ganz gleich, wie wohlwollend sie ausgedrückt werden – Ziele, die so formuliert sind, tragen leicht dazu bei, daß die Unterbringung problem-orieniert wird."* (Durrant 2001, 87)

Eine lösungsorientierte Sichtweise nimmt einen anderen Aspekt des Ziels in den Fokus. Aus dieser Perspektive erscheint es nützlicher nicht darüber zu reden was noch alles getan werden muss um das Problem zu beseitigen, sondern stattdessen eine Sichtweise der Zukunft zu konstruieren in der das Problem gelöst wurde. In Bezug auf die stationäre Erziehungshilfe bedeutet dass die Aufmerksamkeit auf eine Zukunft zu lenken in der sich die Kinder oder Jugendlichen bereit fühlen das Heim zu verlassen. Diese zukunftsorientierte Grundhaltung der Fachkräfte impliziert nicht nur die Annahme, dass der junge Mensch die Einrichtung wieder verlassen wird, sie verdeutlicht seine Entscheidungsfreiheit diesen Schritt erst dann zu unternehmen, wenn er sich selbst dazu im Stande fühlt. Eine Orientierung an einer „problemfreien" Zukunft bildet die Basis der Wahrnehmung und Akzeptanz eines jeden Menschen als Experte für sein individuelles Lebenskonzept. Die detaillierte Beschreibung eines Lösungszustandes beinhaltet viele Unterschiede zwischen gegenwärtigen und zukünftigen Verhaltensweisen. Diese Informationen können in der Gegenwart zeigen, dass die zunächst in Zusammenhang mit einer erfolgreichen Problemlösung prognostizierten Veränderungen zum Teil bereits stattfinden. Die Aufmerksamkeit der Kinder und Jugendlichen aber auch der Eltern kann so auf Verhalten gelenkt werden welches sie in der Konstruktion einer „problemfreien" Wirklichkeit beschrieben haben und es gegenwärtig schon zeigen. Jede Identifikation eines solchen Verhaltens durch die pädagogischen Mitarbeiter zeigt der Familie, dass sie der Lösung wieder einen Schritt näher gekommen sind.

Bei der Erarbeitung zukunftsorientierter Ziele ist es unverzichtbar die Vorstellung der Familie über eine Verbesserung ihrer Situation zu kennen und sie auch zu akzeptieren. Dem Versuch durch eigenes Expertenwissen der Familie ein Problem zuzuschreiben erweist sich als meist fataler Fehler und kann in dem hier beschriebenen Kontext den ganzen Hilfeprozess gefährden.

4.3. Wie wird eine Einrichtung systemisch? – eine Skizze

Die Integration systemischer Denk- und Handlungsweisen in eine bereits bestehende Konzeption von Heimerziehung ist maßgeblich von der Resonanz der Kollegen und der Führungsetage abhängig. Wie die Ausführungen zur Ausbildung der pädagogischen Mitarbeiter zeigen, ist ein Fortbildungsbedarf in jedem Fall gegeben. Weiterbildungen erweitern das theoretische Wissen und ermöglichen neue methodische Vorgehensweisen. Da die Motivation an einer Fortbildung teilzunehmen meist in individuellen Interessen begründet ist kann die Weiterentwicklung des gesamten Handlungsfeldes nicht sichergestellt werden. Im Interesse der Jugendhilfe liegt die qualitative Verbesserung der Hilfeleistung und die Realisierung der im KJHG festgelegten *„Leitidee der partizipativen Hilfeplanung und Hilfedurchführung, der Hilfe zur Selbsthilfe"* (Kühling/Schmidt 2005, 298). Die hier skizzierte Vorstellung einer systemischen Vor-Ort-Weiterbildung bietet mehrere Vorteile. Einerseits sind die Debatten über systemische Perspektiven bei homogenen Lerngruppen einer Einrichtung intensiver als bei vergleichbaren heterogenen Gruppen und sie bieten den Teilnehmern die Entwicklung einer gemeinsamen beruflichen Identität durch den kollektiven Lernprozess. Andererseits werden so Vereinbarungen der Mitarbeiter über neue Vorgehensweisen in der Praxis erleichtert und können effektiver umgesetzt werden. Des Weiteren können in diesem Rahmen für die Jugendhilfe bedeutende Schlüsselkompetenzen erworben werden. Dazu gehören u.

a. die Beratung und Betreuung von Kindern, Jugendlichen und deren Eltern sowie die Arbeit im Management von Trägern sozialer Dienste. Ludger Kühling und Angelika Schmidt sprechen sich für eine Vor-Ort-Weiterbildung aus welche die Mitarbeiter für die wachsenden Anforderungen einer stark differenzierten Jugendhilfe qualifiziert, aber auch einen einheitlich Arbeitsstil gegenüber Kunden, Kooperationspartnern und Kollegen ermöglicht. Hierbei werden alle Abteilungen der Einrichtung in die Entwicklung des Lernprozesses einbezogen um wirklich alle Teile des Systems erreichen zu können (Kühling/Schmidt 2005, 304).

Die inhaltliche Gestaltung fällt der sog. Projektsteuerungsgruppe (PSG) zu. Diese setzt sich aus Vertretern aller Teilbereiche der Einrichtung (Mitarbeitervertretung, Fachleitung, Verwaltung und kollegiale Lernprozessgestalter) zusammen. Dieses Gremium wird von einem Mitarbeiter des Fortbildungsinstitutes beraten und unterstützt. Als Mitglieder des obersten Steuerungsorgans begleiten die Vertreter die Entwicklung des Projektes in ihrem Bereich und sorgen für deren praktische Umsetzung. Im Sinne einer breiten Verankerung der systemischen Denk- und Handlungsweise und der Transparenz des Prozesses werden die Protokolle der PSG-Sitzungen allen Mitarbeiter der Einrichtung zur Verfügung gestellt. Da sich die systemische Weiterbildung so nah wie möglich am beruflichen Alltag der Fachkräfte orientieren soll wurden von einer weiteren Gruppe Schlüsselprozesse, wie beispielsweise die Hilfeplanung, die Partizipation von Kindern und Jugendlichen, die interne Kooperation oder auch die Finanzverwaltung auf Gruppenebene, detailliert herausgearbeitet und auf ihr Optimierungspotenzial hin unersucht. Diese Bestimmung des Istzustandes ermöglicht eine Weiterbildung innerhalb der Schlüsselprozesse oder einer allgemeinen Basisqualifikation für alle Mitarbeiter (Kühling/Schmidt 2005, 309ff.).

Die eigentliche Durchführung der Lernprozesse wird nicht etwa durch Fachkräfte des Fortbildungsinstituts übernommen sondern von kollegialen Lern-Prozess-Gestaltern. Sie entwickeln die benötigten Arbeitsmaterialien und Übungseinheiten in Kooperation mit einer Fachkraft der Weiterbildungsstelle welche auch bei der späteren Durchführung beratende Unterstützung bieten kann. Für diese Aufgabe eignen sich besonders Mitarbeiter die schon über eine systemische Fortbildung verfügen. Ansonsten werden die nötigen Kenntnisse innerhalb der Gruppenarbeit durch die begleitende Fachkraft vermittelt. Die eigentlichen Lerngruppen setzen sich aus verschiedenen Mitarbeitern unterschiedlicher Bereiche zusammen und zeichnen sich durch eine Atmosphäre des Übens und Experimentierens aus, welche sich auch auf den, während des gesamten Projektzeitraums aufrechterhaltenen, Alltagsbetrieb überträgt. Die verpflichtende Basisqualifikation für alle Fachkräfte umfasst vier Workshops mit einer Dauer von zwei Tagen. Hier werden u. a. systemische Grundhaltungen und Fragetechniken sowie Möglichkeiten für eine systemische Gestaltung der Schlüsselprozesse vermittelt (Kühling/Schmidt 2005, 312).

Die Vereinbarung den Prozess der systemischen Neuausrichtung in den Gremien der Einrichtung zu thematisieren erhöht den Stellenwert des Projektes, da die Kommunikation wie auch die Umsetzung alle Teile des Systems miteinbezieht. Des Weiteren bietet diese Form der Vor-Ort-Weiterbildung, neben den zuvor genannten Vorteilen, eine maximale Effizienz. Um jedoch eine solche Maßnahme umsetzen zu können bedarf es neben transparenten Zielen und Strukturen auch der Klärung von Aufträgen sowie geänderte Rahmenbedingungen, um dem hohen organisatorischen Aufwand gerecht werden zu können.

5. Fazit

Das Ziel dieses Buches bestand darin die Grundhaltungen zu verdeutlichen, welche die Basis für systemische Denk- und Handlungsweisen bilden. Die daraus resultierenden Perspektiven (sozialer) Wirklichkeiten wurden bezogen auf ihre Nützlichkeit im Handlungsfeld der stationären Erziehungshilfe untersucht. Diese Grundhaltungen werden in nachfolgend auf den Punkt gebracht.

Der Mensch besitzt eine Unzahl von Potenzialen und Ressourcen: Nimmt man diesen Grundsatz ernst werden die vorhandenen Ressourcen leichter zu erkennen sein. Im Umkehrschluss führt eine Problemorientierung meist dazu, dass noch mehr Defizite entdeckt werden. Allerdings ist es fragwürdig, ob der Mensch im Sinne einer strengen Lösungsorientierung alle notwendigen Ressourcen in sich trägt. Er ist jedoch in der Lage solche Ressourcen situationsgerecht zu entwickeln

Der menschlichen Autonomie muss mit Respekt begegnet werden: Mit dem Hintergrund des Konzeptes der Autopoiese und dem der Selbstorganisation kann der Mensch als „eigensinnig" charakterisiert werden. Sein Denken und Handeln mag beeinflussbar sein, es kann jedoch nicht von außen gezielt gesteuert werden. Folglich muss jeder Mensch als Experte seines eigenen Lebens geachtet und in seinen Entscheidungen respektiert werden.

Die Konstruktion subjektiver Wirklichkeit ist menschlich und niemand kann eine objektive Wahrheit sein Eigen nennen: Diese Grundhaltung darf nicht nur dem Klienten gegenüber gelten. Auch die eigenen Perspektiven zeigen immer nur einen subjektiv gewählten Ausschnitt. Hier müssen die unterschiedlichen Sichtweisen der Wirklichkeit nebeneinander bestehen können um aus den Unterschieden ein gemeinsames Vorgehen zu entwickeln.

Menschliches Verhalten ist abhängig von dem Kontext in dem es sich vollzieht: Das langfristige Bestehen eines beklagenswerten Sachverhalts kann dazu führen, dass der Mensch alle Aspekte seines Lebens als unveränderbar erlebt. Hier kann eine Haltung mit einer Mischung aus Neugier und Interesse nützlich sein um gemeinsam nach Aspekten zu suchen die Veränderungspotenzial beinhalten.

Menschliche Beziehungskontexte entstehen in rekursiver Kommunikation. Folglich muss im Zuge von Intervention in Betracht gezogen werden, dass sich das eigene Verhalten nicht nur auf das beobachtete System auswirkt, sondern eine Vielzahl von möglichen Reaktionen nach sich ziehen kann. Dies erfordert einen allparteilichen Umgang mit Systemen und verlangt nach sozialer Neutralität. Tatsächlich ist keine generelle Vermeidung von Parteilichkeit gemeint (besonders in Zwangskontexten wie z. T. in der stationären Erziehungshilfe), sondern vielmehr eine genaue Reflexion des eigenen Handelns unter Berücksichtigung des rekursiven Charakters von Kommunikation.

Die Darstellung der Heimerziehung mit Bezug auf ihren historischen Kontext verdeutlicht das heute immer noch schlechte Image dieser Hilfeform. Obwohl mit der Einführung des KJHG ein verbesserter struktureller Rahmen geschaffen wurde, welcher die Gleichrangigkeit von Hilfen zur Erziehung betont, bleibt die Heimerziehung doch meist die letzte Wahl. Dies mag Einerseits an den vergleichbar hohen Grundversorgungskosten von 120 bis 150 Euro pro Kind und Tag liegen (Günder 2007, 64). Andererseits stellt eine Fremdunterbringung einen massiven Eingriff in das Erziehungsrecht der Eltern dar. Die lösungsorientierten Überlegungen zeigen jedoch, dass stationäre Erziehungshilfe auch zeitlich befristet stattfinden kann wodurch möglicherweise hohe Folgekosten vermieden werden können. Wird die Fremdunterbringung eines jungen Menschen gerichtlich veranlasst ist das Risiko einer Kindeswohlgefährdung vielleicht so groß, dass eine Rückführung nicht mehr in Betracht kommt. An dieser Stelle entstehen dann über einen jahrelangen Zeitraum hohe Folgekosten. Sowohl die gesetzliche Grundlage, als auch eine systemische Betrachtung von Heimerziehung definieren die Fremdunterbringung als einen planbaren Prozess der mit allseitigem Einverständnis in Gang gesetzt wird. Auch der Forderung nach

Partizipation von Kindern, Jugendlichen und Eltern kann als Grundhaltung systemischen Handelns nachgekommen werden. Gleiches gilt auch für die Orientierung an der Lebenswelt der Familien und das Prinzip der Hilfe zur Selbsthilfe. Da der individuelle Kontext des menschlichen Verhaltens innerhalb der systemischen Grundhaltungen Berücksichtigung findet kann aus systemischer Perspektive sogar der Einzelfallorientierung nachgekommen werden. Die Integration systemischer Ansätze in die stationäre Erziehungshilfe kann in diesem Kontext als Verwirklichung geltenden Rechts gedeutet werden. Verwunderlich erscheint der Umstand, dass die hier aufgezeigten Mängel in der Erzieherausbildung noch nicht bearbeitet wurden. Das Projekt der Vor-Ort-Weiterbildung hat verdeutlicht, dass es für die Vermittlung von systemischem Basiswissen keiner therapeutischen Ausbildung bedarf. An dieser Stelle erscheint eine Ergänzung des Curriculums der Fachschulen ratsam, da die Verinnerlichung systemischer Grundhaltungen auch zur Ausbildung einer beruflichen Identität beitragen und weiterhin eine Basis für theoretisch abgesicherte Vorgehensweisen in der professionellen Erziehung bilden können.

Allerdings bleiben auch noch einige Fragen offen. So ist es beispielsweise fraglich, wie eine strenge Lösungsorientierung in Zwangskontexten aufrechterhalten werden kann. Generell wurde in dieser Arbeit vorausgesetzt, dass alle Klienten, Hilfeempfänger und Kunden sowohl therapeutische, als auch erzieherische Hilfen freiwillig in Anspruch nehmen. Es bleibt im Rahmen dieser Arbeit ungeklärt, inwiefern der systemische Ansatz bei einem vollständigen Rückzug der Eltern aus dem Hilfeprozess oder in Zwangskontexten nützlich sein kann. Die hier verfassten Grundhaltungen systemischer Denk- und Handlungsweisen zeigen jedoch ihr Potenzial bei der Wahrnehmung, Deutung und im Umgang mit sozialen Wirklichkeiten und zwischenmenschlichen Beziehungen.

Abschließend kann im konstruktivistischen Sinne festgehalten werden, dass auch eine systemische Perspektive nicht „wahrer" oder „richtiger" ist als andere Theoriekonstruktionen. Durch die wechselseitige Abhängigkeit von Beobachtung und Beobachter lassen sich Theoriemodelle als Werkzeuge begreifen, die sich ihrer Nützlichkeit entsprechend einsetzen lassen. Im Kontext von systemischer Therapie und Beratung lassen sich die dort entwickelten Methoden gleichwohl nicht ohne die Anerkennung und Verinnerlichung der dargelegten Grundhaltungen effektiv anwenden. Da sie jedoch innerhalb einer Vielzahl von Praxisfeldern sozialer Berufe Anwendung finden können bilden sie eine gute Basis für professionelles soziales Handeln

6. Quellenverzeichnis

6.1. Print-Quellen

BMFSFJ - BUNDESMINISTERIUM FÜR FAMILIE, SENIOREN, FRAUEN UND JUGEND (Hrsg.) (2002): *Leistungen und Grenzen von Heimerziehung: Ergebnisse einer Evaluationsstudie stationärer und teilstationärer Erziehungshilfen.* 2. Aufl. Stuttgart: W. Kohlhammer Verlag

BERTSCH, Horst E.; BÖING, Herbert (2005): *Systemische Ansätze in der Kinder und Jugendhilfe.* In: RITSCHER, Wolf (Hrsg.): *Systemische Kinder- und Jugendhilfe. Anregungen für die Praxis.* Heidelberg: Carl-Auer-Systeme Verlag, S.179-194

BOSCOLO, Luigi; CECCHIN, Gianfranco; HOFFMAN, Lynn; PENN, Peggy (1988): *Familientherapie – Systemtherapie. Das Mailänder Modell.* Dortmund: Verlag Modernes Lernen

DE SHAZER, Steve (2005): *Wege der erfolgreichen Kurztherapie.* 9.Aufl. Stuttgart: Klett-Cotta Verlag

DROSDOWSKI, Günther (Hrsg.) (1990): *Duden Fremdwörterbuch.* Bd. 5, 5. neu bearb. und erw. Aufl. Mannheim: Dudenverlag

DURRANT, Michael (2001): *Auf Stärken kannst du bauen: Lösungsorientierte Arbeit in Heimen und anderen stationären Settings.* 3. Aufl. Dortmund: Verlag Modernes Lernen - Dortmund

GÜNDER, Richard (2007): *Praxis und Methoden der Heimerziehung: Entwicklungen, Veränderungen und Perspektiven der stationären Erziehungshilfe.* 3. Aufl. Freiburg im Breisgau: Lambertus-Verlag

KNEER, Georg; NASSEHI, Armin (2000): *Niklas Luhmanns Theorie sozialer Systeme: Eine Einführung.* 4. Aufl. München: Wilhelm Fink Verlag

KÜHLING, Ludger; SCHMIDT, Angelika (2005): *Wie werden Einrichtungen systemisch? Systemische Personal- und Systementwicklung in der Jugendhilfe.* In: RITSCHER, Wolf (Hrsg.): *Systemische Kinder- und Jugendhilfe. Anregungen für die Praxis.* Heidelberg: Carl-Auer-Systeme Verlag, S. 297-315

LEMME, Martin (1999): *Arbeitssystem „Heimunterbringung", Gedanken zur Triade: Jugendamt – Familie – Heim.* In: SCHINDLER, Hans (Hrsg.): *Unheimliches Heim: von der Familie ins Heim und zurück!?! Familientherapeutische und systemische Ideen für die Heimerziehung* 2. Aufl. Dortmund: Verlag Modernes Lernen Dortmund, 119-134

LUHMANN, Niklas (1998): *Die Gesellschaft der Gesellschaft.* Bd. 1, Frankfurt a. M.: Suhrkamp Verlag

MATURANA, Humberto R.; VARELA, Francisco J. (1987): *Der Baum der Erkenntnis. Die biologischen Wurzeln des menschlichen Erkennens.* Bern, München Wien: Scherz Verlag

MINUCHIN, Salvador (1997): *Familie und Familientherapie: Theorie und Praxis struktureller Familientherapie.* Freiburg im Breisgau: Lambertus-Verlag

RITSCHER, Wolf (2005): *Systemische Modelle für die Soziale Arbeit: Ein integratives Lehrbuch für Theorie und Praxis.* 2. Aufl. Heidelberg: Carl-Auer-Systeme Verlag

ROTTHAUS, Wilhelm (1998): *Wozu erziehen? Entwurf einer systemischen Erziehung.* Heidelberg: Carl-Auer-Systeme Verlag

SCHLIPPE, Arist v.; SCHWEITZER, Jochen (2007): *Lehrbuch der systemischen Therapie und Beratung.* 10. Aufl. Göttingen: Vandenhoeck & Ruprecht Verlag

SCHWING, Rainer; FRYSZER, Andreas (2009): *Systemisches Handwerk: Werkzeug für die Praxis.* 3. Aufl. Göttingen: Vandenhoeck & Ruprecht Verlag

SELVINI PALAZZOLI, Mara; BOSCOLO, Luigi; CECCHIN, Gianfranco; PRA-TA, Giuliana (1999): *Paradoxon und Gegenparadoxon*. 10. Aufl. Stuttgart: Klett-Cotta Verlag

TREDE, Wolfgang (2003): *Integrierte Erziehungshilfen – Spurensuche am Beispiel des „Hauses auf der Hufe" in Göttingen*. In: GABRIEL, Thomas; WINKLER, Michael (Hrsg.): *Heimerziehung. Kontexte und Perspektiven*. München: Ernst Reinhardt Verlag, S. 20-34

WATZLAWICK, Paul; BEAVIN, Janet H.; JACKSON, Don D. (2007): *Menschliche Kommunikation. Formen, Störungen, Paradoxien*. 11. Aufl. Bern: Verlag Hans Huber

WIGGER, Annegret (2007): *Was tun SozialpädagogInnen und was glauben sie, was sie tun? Professionalisierung im Heimalltag*. 2. Aufl. Opladen & Farmington Hills: Verlag Barbara Budrich

WOLF, Klaus (Hrsg.) (1995): *Veränderungen in der Heimerziehungspraxis: Die großen Linien*. In: *Entwicklungen in der Heimerziehung*. 2. Aufl. Münster: Votum Verlag, S. 12-65

WOLFF, Mechthild (2007): *Zwischen Fürsorge und Eigenverantwortung – Überlegungen zu einem pädagogischen Spannungsfeld der stationären Erziehungshilfe*. In: SOZAILPÄDAGOGISCHES INSTITUT IM SOS-KINDERDORF e.V. (Hrsg.): *Wohin steuert die stationäre Erziehungshilfe?* München: Eigenverlag, S. 322-344

WOLFF, Mechthild; HARTIG, Sabine (2007): *Beteiligung in der stationären Erziehungshilfe*. In: SOZAILPÄDAGOGISCHES INSTITUT IM SOS-KINDERDORF e.V. (Hrsg.): *Wohin steuert die stationäre Erziehungshilfe?* München: Eigenverlag, S. 60-82

6.2. Internetquellen

AGJ - ARBEITSGEMEINSCHAFT FÜR KINDER- UND JUGENDHILFE (2010): *Zwischenbericht des Runden Tisches „Heimerziehung in den 50er und 60er Jahren"*. Berlin. [Format: PDF, Zeit: 24.02.2011, Adresse: http://www.rundertisch-heimerziehung.de/ documents/RTH_ Zwischenbericht_000.pdf]

BJFFG – BUNDESMINISTERUIM FÜR JUGEND, FAMILIE, FRAUEN UND GESUNDHEIT (Hrsg.) (1990): *Achter Jugendbericht. Bericht über Bestrebungen und Leistungen der Jugendhilfe*. Bonn [Format: PDF, Zeit: 25.02.2011, Adresse: http://www.aba-fachverband.org/index.php?id=1188]

BMFSFJ – BUNDESMINISTERIUM FÜR FAMILIE, SENIOREN, FRAUEN UND JUGEND (2005): *Stärkung familialer Beziehungs- und Erziehungskompetenzen*. Berlin (Kurzfassung). [Format: PDF, Zeit: 01.03.2011, Adresse: http://www.bmfsfj.de/RedaktionBMFSFJ/Broschuerenstelle/Pdf-Anlagen/St_C3_A4rkung-familialer-Beziehungs-und-Erziehungskompetenzen,property=pdf,bereich=,rwb=true.pdf]

BMFSFJ – BUNDESMINISTERIUM FÜR FAMILIE, SENIOREN, FRAUEN UND JUGEND (2009): *13. Kinder und Jugendbericht. Bericht über die Lebenssituation junger Menschen und die Leistungen der Kinder- und Jugendhilfe in Deutschland*. Berlin [Format: PDF, Zeit: 01.03.2011, Adresse: http://www.bmfsfj.de/RedaktionBMFSFJ/Broschuerenstelle/Pdf-Anlagen/13-kinder-jugendbericht,property=pdf,bereich=bmfsfj,sprache=de,rwb=true.pdf]

BEUSHAUSEN, Jürgen (2002): *Die Konstruktion von Gesundheit und Krankheit im sozialen System Familie. Theorie und Empirie*. Universität Oldenburg. Diss. [Format: PDF, Zeit: 06.02.2011, Adresse: http://oops.uni-oldenburg.de/volltexte/2002/293/pdf/beukon02.pdf]

BROENNEKE, Michael (1988): *Familientherapie in der Heimerziehung: Bedingungen, Chancen und Notwendigkeiten.* In: Praxis der Kinder und Kinderpsychiatrie, Nr. 37, Jg. 6, S. 220-226
[Format: PDF, Zeit: 01.03.2001, Adresse: http://www.pedocs.de/volltexte/2009/821/pdf/Broennecke_Familientherapie_Heim erziehung_1988_W_D.pdf

ESSER, Klaus (2010): *Die retrospektive Betrachtung der stationären Erziehungshilfe durch ehemalige Kinder und Jugendliche.* Universität zu Köln. Diss. [Format: PDF, Zeit: 06.02. 2011, Adresse: http://kups.ub.uni-koeln.de/volltexte/2010/3155/pdf/A_Dissertation_Esser.pdf]

HERWIG-LEMPP, Johannes (1987): *Soziale Systeme existieren. Stimmt's? Stimmt nicht!* [Format: PDF, Zeit: 07.02.2011, Adresse: http://www.systemagazin.de/bibliothek/texte/herwiglempp_sozialesysteme.pdf]

LEVOLD, Tom; MARTENS-SCHMID, Karin (1999): *Systemische Therapie* [Format: PDF, Zeit: 02.02.2011, Adresse: http://www.systemagazin.de/bibliothek/texte/levold_martens_schmid_SystTher.pdf ?words=MHP&content=all

LUDEWIG, Kurt (1987): *10 + 1 Leitsätze bzw. Leitfragen. Grundzüge einer systemisch begründeten klinischen Theorie im psychosozialen Bereich.* [Format: PDF, Zeit: 07.02.2011, Adresse: http://www.systemagazin.de/bibliothek/texte/ludewig_101_1987.pdf]

OTTO, Wiebke (2010): *Geschichte der systemischen Therapie und Theorie und daraus folgende Implikationen für systemische Berater und Beraterinnen in der Jugendhilfe.* Bremen. Eröffnungsvortrag für einen Anbieter von Jugendhilfemaßnahmen.
[Format: PDF, Zeit: 07.02.2011, Adresse: http://www.therapieausbilder.de/cms/upload/pdf/Mikos_Endfassung.pdf]

PATAK, Michael; SIMSA, Ruth (2004): *Flops oder Misserfolge in der systemischen Beratung.* In: BOOS, Frank; HEITGER, Barbara (Hrsg.): *Veränderung – systemisch. Management des Wandels. Praxis, Konzepte und Zukunft.* Stuttgart: Schäffer-Poeschel Verlag [Format: PDF, Zeit: 01.03.2011, Adresse: http://www.ruthsimsa.at/pdf/pdf 5.pdf]

PÖRKSEN, Bernhard (1998): *Wir sehen nicht, daß wir nicht sehen.* http://www.heise.de/tp/r4/artikel/6/6240/1.html - Aktualisierungsdatum: 18.01.2000

SELVINI PALAZZOLI, Mara; BOSCOLO, Luigi; CECCHIN, Gianfranco; PRATA, Giuliana (1981): *Hypothetisieren – Zirkularität – Neutralität: Drei Richtlinien für den Leiter einer Sitzung.* In: Familiendynamik, Nr. 2, Jg. 6, S. 123-139 Stuttgart: Klett-Cotta Verlag [Format: PDF, Zeit: 09.02.2011, Adresse: http://www.carl-auer.de/downloadbar/lesbar.php?pdf=97]

WVD – WORLD VISION DEUTSCHLAND e.V. (Hrsg.) (2007): *World Vision Kinderstudie: Kinder in Deutschland 2007.* (Zusammenfassung) [Format: PDF, Zeit: 02.03.2011, Adresse: http://www.worldvision-institut.de/_downloads/allgemein/zusammenfassung-kinderstudie2007.pdf]